ROLF STOBER

Grundpflichten und Grundgesetz

Schriften zum Öffentlichen Recht

Band 362

Grundpflichten und Grundgesetz

Von

Prof. Dr. Rolf Stober

DUNCKER & HUMBLOT / BERLIN

Alle Rechte vorbehalten
© 1979 Duncker & Humblot, Berlin 41
Gedruckt 1979 bei Buchdruckerei Richard Schröter, Berlin 61
Printed in Germany

ISBN 3 428 04398 7

Vorwort

Die Anregung zur grundsätzlichen und detaillierten Beschäftigung mit den Grundpflichten entstand anläßlich der Arbeiten an der Habilitationsschrift „Der Ehrenbeamte zwischen Demokratie und Verwaltung". Bei der Materialsuche zum Komplex Ehrenämterpflichten fiel auf, daß der Problemkreis Grundpflichten — im Gegensatz zu den Grundrechten — im Schrifttum kaum Beachtung findet, obwohl auch im Grundgesetz Anhaltspunkte für Grundpflichten vorhanden sind.

Rechtsprechung und Schrifttum wurden bis einschließlich Dezember 1978 berücksichtigt.

Frau Ingrid Sander habe ich für die präzise Reinschrift des Manuskripts und Herrn Professor Dr. Johannes Broermann für die freundliche Aufnahme auch dieser Arbeit in sein Verlagsprogramm zu danken.

Köln, im Dezember 1978

Rolf Stober

Inhaltsverzeichnis

§ 1 **Das Problem** 11
    I. Befund 11
    II. Gegenstand der Untersuchung 12
    III. Der Begriff Grundpflicht 12

§ 2 **Grundgesetz und Grundpflichten** 15
    I. Stimmen zu einem totalen Grundpflichtenverzicht 15
    II. Zum Teilverzicht des Grundgesetzes auf Grundpflichten 19
    III. Grundpflichten und freiheitlich-demokratischer Rechtsstaat .. 21

§ 3 **Mögliche Grundpflichten im einzelnen** 23
    I. Standort der Grundpflichten im Verfassungssystem 23
    II. Präambel (Pflicht zur Wiedervereinigung?) 23
    III. Grundpflichten im Abschnitt „Die Grundrechte" 27
        1. Art. 1 GG (Pflicht zur Achtung der Menschenwürde?) 27
        2. Art. 2 Abs. 1 GG (Rechtsgehorsamspflicht) 28
        3. Art. 5 Abs. 3 Satz 2 GG (Treuebindung zur Verfassung) 32
        4. Art. 6 Abs. 2 GG (Pflege- und Erziehungspflicht) 35
        5. Art. 7 GG (Schulbesuchspflicht?, Pflichten der Privatschulträger) 37
        6. Art. 9 Abs. 2 GG (Unterlassungspflicht für Vereine) 40
        7. Art. 12 Abs. 2 GG (Dienstleistungspflichten) 40
        8. Art. 12 a GG (Dienstverpflichtung in den Streitkräften usw.) 42
        9. Art. 14 Abs. 2 und 3 GG (Verpflichtung des Eigentums) 47
        10. Art. 15 GG (Überführung in Gemeineigentum) 50
        11. Art. 18 GG (Verpflichtung, bestimmte Grundrechte nicht zu mißbrauchen) 51
        12. Art. 20 Abs. 4 GG (Pflicht zum Widerstand?) 51
    IV. Grundpflichten im Abschnitt „Der Bund und die Länder" 53
        1. Art. 21 Abs. 2 GG (Unterlassungspflicht für Parteien) 53
        2. Art. 25 GG (Völkerrechtliche Grundpflichten) 53
        3. Art. 26 Abs. 1 GG (Pflicht, Störungen des friedlichen Zusammenlebens zu unterlassen) 55
        4. Art. 3· Abs. 4 und 5 GG (Treuepflicht des Beamten) 57

  V. Grundpflichten im Abschnitt „Der Bundestag" 63
    1. Art. 38 GG (Wahlpflicht als Grundpflicht?) 63
    2. Art. 48 GG (Pflicht zur Nichtbehinderung) 67
  VI. Art. 56 und 64 GG (Eidesleistungs- und Treuepflicht) 68
  VII. Art. 92 und 97 f. GG (Treuepflicht des Richters) 71

§ 4 Systematik der Grundpflichten 75
  I. Übersicht 75
  II. Systematik 75

§ 5 Rechtsfolgen bei Grundpflichtverletzungen und ihre Geltendmachung 78

§ 6 Grundpflichtfähigkeit und -handlungsfähigkeit 82

Literaturverzeichnis 85

Vorschriftenregister 90

Abkürzungsverzeichnis

a. M.	=	anderer Meinung
AöR	=	Archiv für öffentliches Recht
B	=	Bund(es)
BAG	=	Bundesarbeitsgericht
BAT	=	Bundesangestelltentarif
Bay.	=	Bayern, Bayerisch
BayVBl.	=	Bayerische Verwaltungsblätter
BayBgm.	=	Der Bayerische Bürgermeister
BB	=	Der Betriebsberater
Bln.	=	Berlin, berliner
BGB	=	Bürgerliches Gesetzbuch
BGBl.	=	Bundesgesetzblatt
BGH	=	Bundesgerichtshof
BGHZ	=	Entscheidungen des Bundesgerichtshofes in Zivilsachen
Brem.	=	Bremen, bremisch
BVerfG	=	Bundesverfassungsgericht
BVerfGE	=	Entscheidungen des Bundesverfassungsgerichts
BVerfGG	=	Bundesverfassungsgerichtsgesetz
BVerwG	=	Bundesverwaltungsgericht
BVerwGE	=	Entscheidungen des Bundesverwaltungsgerichts
BVG	=	Beamtenversorgungsgesetz
BW	=	Baden-Württemberg, baden-württembergisch
DÖV	=	Die öffentliche Verwaltung
DVBl.	=	Deutsches Verwaltungsblatt
Erl.	=	Erläuterung
FamRZ	=	Zeitschrift für das gesamte Familienrecht
Fn.	=	Fußnote
GG	=	Grundgesetz
Hess.	=	Hessen, hessisch
JöR	=	Jahrbuch des öffentlichen Rechts
JR	=	Juristische Rundschau
JuS	=	Juristische Schulung
JZ	=	Juristenzeitung
LV	=	Landesverfassung
MDR	=	Monatsschrift für deutsches Recht
MRK	=	Menschenrechtskonvention
m. w. N.	=	mit weiteren Nachweisen
Nds.	=	Niedersachsen, niedersächsisch
N.F.	=	Neue Folge
NJW	=	Neue Juristische Wochenschrift
NVO	=	Nebentätigkeitsverordnung

NW	=	Nordrhein-Westfalen
OVG	=	Oberverwaltungsgericht
RdJB	=	Recht der Jugend und des Bildungswesens
RP	=	Rheinland-Pfalz, rheinland-pfälzisch
Sa.	=	Saarland, saarländisch
Schl.-H.	=	Schleswig-Holstein, schleswig-holsteinisch
StGB	=	Strafgesetzbuch
VerwRspr.	=	Verwaltungsrechtsprechung in Deutschland
VGH	=	Verwaltungsgerichtshof
VR	=	Verwaltungsrundschau
VVDStRL	=	Veröffentlichungen der Vereinigung der Deutschen Staatsrechtslehrer
WRV (WV)	=	Weimarer Reichsverfassung
ZRP	=	Zeitschrift für Rechtspolitik

§ 1 Das Problem

I. Befund

Der erste Abschnitt des Grundgesetzes trägt die Überschrift „Die Grundrechte". Er enthält Menschen- und Staatsbürgerrechte, die in erster Linie als Abwehrrechte gegen die staatliche Gewalt gedacht sind[1], daneben aber auch Mitwirkungsrechte am Staatsleben (z. B. Art. 16, 17 GG)[2] und Teilhaberechte[3] an staatlichen Leistungen enthalten. Während die Grundrechte eingehend geregelt sind, behandelt das Grundgesetz — wie Theodor Maunz zutreffend feststellt[4] — die Grundpflichten eher stiefmütterlich. Es kennt einerseits — im Gegensatz zur Weimarer Reichsverfassung (Art. 110 Abs. 2, 120, 132, 133, 134, 145, 153 Abs. 3, 155 Abs. 3, 166 Abs. 1) und zu einigen Landesverfassungen (Art. 98 ff. Bay. LV, Art. 1 ff., Brem. LV, Art. 27 ff. Hess. LV, Art. 20 ff. RP LV, Art. 1 ff. Sa LV) — weder ein Kapitel „Grundrechte und Grundpflichten" noch erwähnt es ausdrücklich im Verfassungstext

---

[1] Vgl. dazu statt vieler *Konrad Hesse*, Grundzüge des Verfassungsrechts der Bundesrepublik Deutschland, § 9.

[2] Hingegen gibt es kein Mitbestimmungsrecht der Eltern bei der Ausgestaltung des Schulwesens nach Art. 6 Abs. 2 GG — BVerfG NJW 1978, 810. Siehe zur Fülle der Literatur und Rechtsprechung zur Grundrechtsdogmatik die Nachweise bei *Detlef Merten* BayVBl. 1978, 554 Fn. 3 ff. daselbst.

[3] So spricht *Wolfgang Martens* VVDStRL 30, 7 ff., 21 im Zusammenhang mit Art. 3 GG von einem derivativen Teilhaberecht. Ebenso im Anschluß daran *Konrad Redeker* NJW 1978, 937 f. *Hans H. Rupp* hat die Frage der Umdeutbarkeit der Grundrechte in soziale Teilhaberechte des sog. status positivus in JZ 1971, 401, 402 sogar als das beherrschende grundrechtsdogmatische Thema der deutschen Staatsrechtslehre bezeichnet. Kritisch dazu vor allem *Hans H. Klein*, Die Grundrechte im demokratischen Staat, S. 58 f. und *Gerd Roellecke*, Gibt es ein „Recht auf den Tod"?, S. 338. Vgl. auch BVerfGE 39, 276, 287, 293 zu Art. 12 Abs. 1 GG als Teilhaberecht und dazu *Peter Kickartz* JuS 1978, 528 ff. sowie allgemein zur Rechtsprechung des Bundesverwaltungsgerichts zu den Teilhaberechten *Horst Sendler* DÖV 1978, 581 ff. und *Rüdiger Breuer*, Grundrechte als Anspruchsnormen, Festgabe, S. 89 ff.

[4] *Theodor Maunz*, Deutsches Staatsrecht, § 13 III; im Anschluß daran ebenfalls *Otto Koellreutter*, Deutsches Staatsrecht, S. 52; *von Mangoldt / Klein*, S. 111; *Detlef Merten* BayVBl. 1978, 554. Vgl. zum Verfassungsrecht der europäischen Staaten hingegen: Die Verfassung der italienischen Republik vom 24. 12. 1947, Art. 13 ff. (Teil I, Rechte und Pflichten der Staatsbürger) und die Verfassung der türkischen Republik vom 27. 5. 1961, Art. 10 ff. (Zweiter Teil, Grundrechte und -pflichten), die als einzige einen Abschnitt mit Grundpflichten enthalten. Die Verfassungen sind abgedruckt bei *P. C. Mayer-Tasch*, Die Verfassungen Europas, 2. Aufl., München, 1975. Zum Schweigen des Grundgesetzes hinsichtlich verfassungsrechtlicher Unternehmerpflichten vgl. *Peter Saladin* VVDStRL 35, S. 7, 18 ff.

die Bezeichnung „Grundpflicht". In Art. 1 Abs. 3 GG heißt es, daß die „nachfolgenden Grundrechte" die drei Staatsgewalten binden. Eine entsprechende Klausel bezüglich einer Grundpflichtenbindung des einzelnen gegenüber dem Staat besteht nicht. Andererseits ist an mehreren Stellen in der Verfassungsurkunde von Pflichten die Rede. Erinnert sei nur an die Pflege und Erziehung der Kinder, die nach Art. 6 Abs. 2 GG zuvörderst eine den Eltern obliegende Pflicht darstellt und an Art. 12 Abs. 2 GG, der von einer öffentlichen Dienstleistungspflicht spricht. Darüber hinaus ist Art. 9 Abs. 3 Satz 2 gegenüber den Bindungsadressaten des Art. 1 Abs. 3 GG eine Ausnahme. Denn diese Klausel besitzt eine Drittwirkung; sie verpflichtet also nicht nur die staatliche Gewalt.

II. Gegenstand der Untersuchung

Dieser Befund läßt zwei Schlußfolgerungen zu: Entweder handelt es sich bei den ebengenannten und anderen Pflichten nicht um Grundpflichten, sondern höchstens um Inpflichtnahmen[5], weil der Grundgesetzgeber auf die Aufnahme von Grundpflichten in die Verfassung verzichten wollte. Oder das Grundgesetz kennt Grundpflichten, ohne diese positivrechtlich als solche zu normieren (§ 2). Schließt man sich der zweiten Meinung an, dann drängen sich folgende Fragen auf: Welche Verfassungsnormen enthalten mit welchem Inhalt Grundpflichten[6]? (§ 3) und wie sind sie systematisch einzuteilen? (§ 4). Ferner interessieren die Rechtsfolgen bei Grundpflichtverletzungen (§ 5) und wann die Fähigkeit beginnt, Träger von Grundpflichten bzw. Verantwortlicher für die Erfüllung von Grundpflichten zu sein (§ 6). Die Arbeit beschränkt sich auf eine Darstellung der Grundpflichten im Grundgesetz. Die Erörterung landesverfassungsrechtlicher Grundpflichten bleibt ausgeklammert[7], soweit ein Rückgriff aus Argumentationsgründen nicht unbedingt erforderlich ist.

III. Der Begriff Grundpflicht

Da der Begriff „Grundpflicht" in Gesetzessprache, Rechtsprechung und Literatur mit unterschiedlichem Bedeutungsgehalt verwendet wird, ist zunächst zu präzisieren, was hier unter Grundpflicht verstanden werden soll. Mit dem Wort Grundpflicht ist ausschließlich das Gegenstück zu den Grundrechten gemeint[8]. Grundpflichten sind demnach nur

---

[5] Vgl. dazu *Gerd Roellecke*, Gibt es ein „Recht auf den Tod"?, S. 342.

[6] So *Otto Kimminich*, Deutsche Verfassungsgeschichte, S. 493.

[7] Vgl. dazu auch *Detlef Merten* BayVBl. 1978, 554, 559.

[8] „Als Negation übersteigerter individualistischer Deutung sind sie den Grundrechten zugeordnet", *Nawiasky-Leusser*, Die Verfassung des Freistaates Bayern, 2. Aufl., München, 1976 ff., Art. 117 Erl. I.

III. Der Begriff Grundpflicht

verfassungsrechtlich verankerte Pflichten des einzelnen[9] gegenüber dem Staat[10]. Darunter fallen also weder rein vorstaatliche Menschheitspflichten[11], die nicht Eingang in die Verfassung gefunden haben[12], noch Pflichten der Bürger untereinander. Folglich sind beispielsweise gegenseitige Hilfepflichten innerhalb der Familie von dieser Abhandlung ausgenommen, weil es an der Staatsgerichtetheit derartiger Verantwortlichkeiten fehlt[13].

Keine Grundpflichten in hiesigem Sinne sind ferner Pflichten von Staatsorganen und Staatsgebilden untereinander[14] oder gegenüber anderen Trägern öffentlicher Verwaltung sowie Schutzpflichten[15] gegenüber Privatpersonen, wenngleich diese Pflichten verfassungsrechtlichen Rang haben. Diese Kennzeichnung trifft unter anderem für folgende Pflichten zu: Der Pflicht zur Einsetzung von Untersuchungsausschüssen (Art. 44 Abs. 2 GG), den jedem Land nach Art. 37 GG obliegenden Pflichten gegenüber dem Bund, den Pflichten von Bundesorganen aufgrund der Artikel 43, 53 und 58 GG[16], der Pflicht zu gemeindefreundlichem Verhalten sowie der Pflicht, die Menschenwürde zu achten und zu schützen (Art. 1 Abs. 1 Satz 2 GG)[17].

---

[9] In diesem Sinne *Carl Schmitt*, Grundrechte und Grundpflichten, in: Verfassungsrechtliche Aufsätze, 2. Aufl., Berlin, 1973, S. 181 f.

[10] In diesem Sinne auch *Hamann / Lenz*, Das Grundgesetz für die Bundesrepublik Deutschland, 3. Aufl., 1970, Einführung, S. 54; *Hans Schneider* NJW 1954, 941; *Küchenhoff / Küchenhoff*, Allgemeine Staatslehre, 8. Aufl., Stuttgart, 1977, S. 73; *Carl Schmitt*, Verfassungslehre, 5. Aufl., Berlin, 1970, S. 174; *Gerhard Anschütz*, Die Verfassung des Deutschen Reiches, 14. Aufl., Nachdruck, Bad Homburg v. d. H., 1960, S. 510. *v. Mangoldt / Klein*, S. 111; *Horst Feldmann / Margot Geisel*, Deutsches Verfassungsrecht des Bundes und der Länder, Stuttgart, 1954, S. 18; *Detlef Merten* BayVBl. 1978, 555.

[11] *Carl Schmitt*, Verfassungslehre, S. 175.

[12] Ebenso *Detlef Merten* BayVBl. 1978, 556 mit der zutreffenden Begründung, solchen Pflichten fehle der Gesetzesvorbehalt im Verfassungsrang.

[13] Siehe dazu z. B. *Theodor Maunz*, Deutsches Staatsrecht, § 13 III 2. Weiter *Hans H. Klein*, Über Grundpflichten, Der Staat, Band 14, 1975, S. 153, 155.

[14] Dies trifft nach der richtigen Auffassung von *Detlef Merten* (BayVBl. 1978, 555) auch für Verfassungsaufträge zu. Sie können nicht als Grundpflichten bezeichnet werden, weil es an der charakteristischen Staat-Bürger-Beziehung fehlt.

[15] Von einer Schutzpflicht ist z. B. hinsichtlich des Schutzes der Freiheit und des Eigentums durch den Staat bei BVerfG DVBl. 1978, 394 ff. die Rede (Wehrpflichtentscheidung). Anstelle des Begriffs Schutzpflicht wird auch die Bezeichnung Grundrechtspflicht verwendet. Siehe dazu *E. Klein*, Diplomatischer Schutz und grundrechtliche Schutzpflicht, DÖV 1977, 704 ff.; *Detlef Merten* BayVBl. 1978, 555 f. Vgl. daneben *Peter Häberle*, VVDStRL 30, 1972, 84 f. und *derselbe*, Die Wesensgehaltsgarantie des Art. 19 Abs. 2 Grundgesetz, 2. Aufl., Karlsruhe, 1972, S. 264. Einen anderen Inhalt legen *Maunz-Dürig-Herzog-Scholz*, Art. 5 Abs. III Rdnr. 127 f. dem Begriff Grundrechtspflicht bei.

[16] Vgl. dazu ausführlich *Wolf-Rüdiger Schenke*, Die Verfassungsorgantreue, Berlin, 1977, vor allem S. 53 ff.

[17] Vgl. dazu BVerfG DÖV 1977, 896 (Schleyer-Fall).

Darüber hinaus sind einfachgesetzliche Pflichten keine Grundpflichten[18]. Das gilt für § 7 Soldatengesetz, der für Soldaten die Pflicht, der Bundesrepublik Deutschland treu zu dienen und das Recht und die Freiheit des deutschen Volkes tapfer zu verteidigen, im Gegensatz zu anderen soldatischen Pflichten zu einer „Grundpflicht" erhebt[19]. Ferner wird der Ausdruck Grundpflicht gelegentlich zur Scheidung von Haupt- und Nebenpflichten innerhalb von Rechtsverhältnissen verwendet. So spricht das Bundesarbeitsgericht von der Grundpflicht der Angestellten zur Loyalität gegenüber dem öffentlichen Arbeitgeber[20]. Da solche Loyalitätspflichten auf Vereinbarung beruhen und gegenüber allen Arbeitgebern bestehen, beziehen die nachfolgenden Ausführungen diese Gattung nicht ein.

Grundpflichten weisen zwar eine gewisse Verwandtschaft mit Gesetzesvorbehalten und Gesetzesschranken auf, die im Grundgesetz zahlreich zu finden sind. Dabei geht es im Kern aber nur um einfachgesetzliche, also vom Gesetzgeber auferlegte Inpflichtnahmen und nicht um echte Grundpflichten. Denn Gesetzesvorbehalte schränken Grundrechte lediglich ein, begründen aber keine eigenständigen verfassungsrechtlichen Pflichten, die als solche erkennbar und bestimmbar sind[21].

---

[18] So gebraucht *Klaus Stern*, Staatsrecht, § 10 II 7, die Bezeichnung „Grundpflicht" im Zusammenhang mit der Zulässigkeit der Einführung einer Wahlpflicht. Sellner spricht von den Grundpflichten im Bundes-Immissionsschutzgesetz (*Sellner*, Festgabe, S. 603 ff.).
[19] Vgl. zur Verwendung des Begriffs „Grundpflicht" in diesem Zusammenhang: BVerfGE 28, 36, 48 f.
[20] BAG NJW 1976, 1708 f.
[21] Vgl. dazu *Nawiasky-Leusser*, Art. 117 Erl. I.

§ 2 Grundgesetz und Grundpflichten

I. Stimmen zu einem totalen Grundpflichtenverzicht

Nachdem der Begriff „Grundpflicht" hinreichend umschrieben und von ähnlichen Erscheinungen abgegrenzt ist, kann man sich dem Problem zuwenden, wie es das Grundgesetz mit den Grundpflichten hält[1]. Ein Teil des Schrifttums vertritt mit unterschiedlicher Begründung die Auffassung, das Grundgesetz lege für den einzelnen keine Grundpflichten fest.

Hans Schneider hat zum fünfjährigen Jubiläum des Grundgesetzes unter anderem resümiert: „Von den Grundpflichten eines jeden Bürgers ist leider im GG nicht die Rede. Sie ergeben sich nur unmittelbar aus strafrechtlichen Tatbeständen[2]."

Hans Schneider ist freilich mit dieser ausschließlichen Wortlautinterpretation des Grundgesetzes den Nachweis schuldig geblieben, ob die im Grundrechtsteil und anderwärts enthaltenen Pflichten nicht auch als neben dem Strafrecht bestehende Grundpflichten oder wenigstens als Pflichten interpretiert werden können. Unabhängig davon normiert das Strafgesetzbuch ausdrücklich keine Grundpflichten. Träfe dies jedoch für einen Teil der zum Schutze der Verfassung dienenden Straftatbestände zu, dann dürfte man diese Grundpflichten nicht nur auf das Strafrecht beschränken, sondern man müßte sie auf das weite Feld des öffentlichen Rechts erstrecken[3] und beispielsweise die Verfassungsschutzbestimmungen des Vereinsrechts einbeziehen.

Teilweise wird behauptet, das Bonner Grundgesetz habe von der Festsetzung von Grundpflichten wegen seines nur provisorischen Charakters abgesehen[4]. Dafür finden sich in der Entstehungsgeschichte des Grundgesetzes keine Anhaltspunkte. Diese Ansicht übersieht ferner, daß auch eine Übergangsverfassung die grundlegenden Rechtsbeziehungen zwischen Staat und Bürger schon deshalb normieren muß, weil nicht voraussehbar ist, wie lange der vorläufig geregelte Rechtszustand andauert.

---

[1] *Detlef Merten* (BayVBl. 1978, 554 ff.) unterstellt wohl das Vorhandensein von Grundpflichten. Jedenfalls liefert er keine Begründung für die Existenz von Grundpflichten im Grundgesetz.

[2] *Hans Schneider*, NJW 1954, 941.

[3] Im Ergebnis ebenso *von Mangoldt / Klein*, S. 112.

[4] So z. B. *Landsberg / Goetz*, Verfassung von Berlin, Art. 7 Erl. 2; *Wilhelm* BayBgm. 1963, 238.

Hermann von Mangoldt geht davon aus, die Aufnahme von Grundpflichten wäre nicht in Einklang zu bringen gewesen mit dem Prinzip der unmittelbaren Aktualität, also mit dem Prinzip der sofortigen Wirksamkeit bzw. unmittelbaren Geltung des Grundrechtsteils[5]. Diesem Gedanken hat Theodor Maunz mit Recht widersprochen: „denn auch bei den Grundrechten des GG gibt es Sätze, deren Aktualität mehr als fraglich ist, und bei den Grundpflichten hätten sich mindestens einige finden und formulieren lassen[6], die nicht bloß programmatische Bedeutung hätten zu haben brauchen[7]." Man vergegenwärtigte sich nur die Verfassung von Rheinland-Pfalz. Dort hielt der Verfassungsgeber die Aufnahme einer unmittelbar geltenden Treuepflichtklausel des Staatsbürgers für zweckmäßig (Art. 20 RPLV), weil die Verfassung in der Positivierung der Grundrechte so weit gegangen ist, daß die gemeinschafts- und sozialgebundene Stellung des einzelnen sinnfällig durch eine grundsätzliche Bestimmung über die Grundpflichten zum Ausdruck zu bringen war[8].

Otto Koellreutter meint, die Nichterwähnung der Grundpflichten im Grundgesetz sei „in erster Linie eine psychologische Reaktion gegen die diktatorische Vergangenheit des ‚Dritten Reiches'"[9]. Diese Auffassung trifft nur teilweise zu. Zwar ist es richtig, daß die Bundesrepublik ihre Legitimation nicht nur aus dem demokratischen Prinzip der Mitwirkung, sondern gleichrangig — wenn nicht primär — aus dem liberalen Prinzip der Sicherung individueller Freiheit bezieht, wie Hans H. Klein zu Recht bemerkt[10]. Das Grundgesetz belegt aber selbst, daß die scharfe Distanzierung gegenüber den verabscheuungswürdigen und verhängnisvollen Maximen der nationalsozialistischen Gewaltherrschaft[11] nicht unbedingt den völligen Verzicht auf Verfassungspflichten und die soziale Einordnung des einzelnen bedeuten muß. So spricht Art. 12 Abs. 2 GG von einer Dienstpflicht, obwohl diese Bestimmung lediglich sicherstellen will, daß die „im nationalsozialistischen System üblich gewordenen Formen der Zwangsarbeit mit ihrer Herabwürdigung der menschlichen Persönlichkeit ausgeschlossen werden"[12]. Ferner wurde

---

[5] *Hermann von Mangoldt*, Das Bonner Grundgesetz, Berlin, 1953, S. 37, 39 (nur 1. Aufl.). Ebenso wohl R. *Nebinger*, Kommentar zur Verfassung für Württemberg-Baden, Stuttgart, 1948, S. 12.

[6] z. B. Art. 6 Abs. 5 GG.

[7] *Theodor Maunz*, Deutsches Staatsrecht, § 13 III 1 und *von Mangoldt / Klein*, S. 112.

[8] *Adolf Süsterhenn / Hans Schäfer*, Kommentar der Verfassung für Rheinland-Pfalz, Koblenz, 1950, S. 135.

[9] *Otto Koellreutter*, Deutsches Staatsrecht, S. 50.

[10] Der Staat, Band 14, 1975, S. 153, 158.

[11] *Nawiasky-Leusser*, S. 43.

[12] *Leibholz / Rinck*, Art. 12 Rdnr. 16; BVerfGE 22, 380, 383. In diesem Sinne auch *Georg Dahm*, Deutsches Recht, § 39 VI.

I. Stimmen zu einem totalen Grundpflichtenverzicht

die „Verpflichtung"[13] der Treue zur Verfassung für Hochschullehrer nach Art. 5 Abs. 3 Satz 2 GG trotz der aus der nationalsozialistischen Erfahrungszeit geprägten Optik dieses Artikels[14] in das Grundgesetz aufgenommen.

Außerdem sieht Koellreutter den Hauptgrund für das Nichtvorhandensein von Grundpflichten im Grundgesetz in der damals mangelnden Klarheit und Einheitlichkeit innerhalb der politischen Machtfaktoren über die Gestaltung der Wirtschafts- und Kulturordnung, weshalb das Grundgesetz von der Regelung einer Wirtschafts- und Sozialordnung abgesehen habe[15]. Mit dieser Behauptung reduziert Koellreutter die Grundpflichtenproblematik unzulässigerweise nur auf die Wirtschafts- und Kulturordnung, die bekanntlich nur einen Teilbereich der verfassungsrechtlichen Stellung des Bürgers abdeckt[16]. Man denke nur an die damals schon in Art. 73 Nr. 1 GG verfassungsrechtlich verankerte Wehrpflicht[17], die keinen unmittelbaren Zusammenhang mit der Wirtschafts- und Kulturordnung aufweist oder die allgemeine Treuepflicht des Staatsbürgers gegenüber seinem Staat, die unabhängig von der Normierung einer bestimmten Wirtschaftsordnung Gegenstand einer Verfassungsregelung sein kann.

Hamann / Lenz begründen das Fehlen von Grundpflichten im Grundgesetz mit der dienenden Funktion des Staates, ein Gedanke, den der Verfassungskonvent auf Herrenchiemsee bei der Aufstellung der Grundrechte an die Spitze stellte[18]. Danach bedeute die Statuierung von Grundpflichten die Anerkennung des Staates als eines dem einzelnen gleichberechtigt und koordinierten Teilnehmers des Verfassungslebens, was folgerichtig entsprechende Grundrechte des Staates als diesem originär zustehend voraussetzen würde[19]. Die dienende Funktion des Staates schließt freilich Pflichten des Bedienten gegenüber dem Dienenden nicht aus, weil auch ein Dienen letztlich auf einem wechselseitigen Rechte- und Pflichtenverhältnis basiert. Die Vorstellung vom Staat als verfassungsrechtslose Dienerin des Staatsvolkes widerspräche dem alten deutschen Rechtsgedanken, daß die Rechtsstellung des ein-

---

[13] So der Abgeordnete Dr. Schmid im Parlamentarischen Rat (Stenographischer Bericht), 9. Sitzung vom 6. Mai 1949, S. 176.
[14] Vgl. den Abgeordneten Dr. Heuss im Parlamentarischen Rat (Stenographischer Bericht), 9. Sitzung vom 6. Mai 1949, S. 176.
[15] *Otto Koellreutter*, Deutsches Staatsrecht, S. 52. Vgl. auch Parlamentarischer Rat, Stenographischer Bericht, 2. Sitzung vom 8. 9. 1948, S. 14 (Abg. Dr. Schmid).
[16] In diesem Sinne auch *von Mangoldt / Klein*, S. 112.
[17] BVerfGE 12, 51.
[18] Vgl. den Bericht über den Verfassungskonvent auf Herrenchiemsee vom 10. bis 23. August 1948, München, 1948, S. 21.
[19] *Hamann / Lenz*, Einführung, S. 54.

zelnen ebenso durch Pflichten wie durch Rechte bestimmt wird[20]. Die hier vertretene These hat ihren Niederschlag in Art. 1 Abs. 2 Satz 3 der Verfassung von Baden-Württemberg gefunden. Dort ist nämlich von den Pflichten des Staatsbürgers gegenüber dem Staat[21] die Rede, obwohl an derselben Stelle die Dieneraufgabe des Staates angesprochen ist.

Daß der Grundgesetzgeber von der Aufstellung eines Kataloges von Grundpflichten absah, wird gelegentlich damit begründet, der ursprünglichen Idee nach gebe es nur Grundrechte und keine Grundpflichten, die den Grundrechten entsprechen[22]. Danach seien jedenfalls die klassischen Grundrechte vorstaatliche Rechte, während Grundpflichten ausschließlich Pflichten zur Befolgung der Verfassung und der staatlichen Gesetze seien. Sie entständen aber nicht vor dem Staat, sondern erst mit dem Staat und könnten deshalb den Grundrechten nicht gleichgeordnet sein[23]. Einer derartigen Relativierung der Grundpflichten auf vom Staat geschaffene Grundpflichten ist mit Theodor Maunz zu widersprechen. Im Kern vorstaatlicher Natur sind die Pflicht zur Abwehr von Angriffen auf Familie, Gemeinde oder Staat und die Widerstandspflicht gegen illegale Anschläge auf die natürlichen Formen der menschlichen Gemeinschaft. Denn die Begründung dieser Pflichten hängt nicht von der rechtlichen Existenz eines Staatsgebildes ab, das diese Pflichten allenfalls anerkennen kann[24].

Nach der Entstehungsgeschichte des Grundgesetzes war die Behauptung von der Nichtexistenz vorstaatlicher Pflichten auch nicht dafür ursächlich, Grundpflichten aus dem Grundgesetz auszusparen. Wenngleich bei den Beratungen auf Herrenchiemsee einerseits die Meinung vertreten wurde, es gäbe keine echte Grundpflichten, so wurde doch andererseits darauf hingewiesen, daß die Treue und Gehorsam des Bürgers gegenüber der Verfassung unbezweifelbar eine völlig echte Grundpflicht darstelle[25]. Diese zuletztgenannte Ansicht drang damals durch und wurde als Art. 19 wie folgt formuliert: „Jeder hat die Pflicht

---

[20] *Nawiasky-Leusser*, Einführung III, S. 40. In diesem Sinne wohl auch K. E. *Heinz* DÖV 1978, 398 ff.

[21] So *Spreng / Birn / Feuchte*, Die Verfassung des Landes Baden-Württemberg, Stuttgart, 1954, S. 33.

[22] So *Carl Schmitt*, Verfassungslehre, S. 175. Vgl. auch *Theodor Maunz*, Deutsches Staatsrecht, § 13 III 2; *Horst Feldmann / Margot Geisel*, Deutsches Verfassungsrecht des Bundes und der Länder, S. 19.

[23] So ausdrücklich *Horst Feldmann / Margot Geisel*, Deutsches Verfassungsrecht des Bundes und der Länder, S. 58. Teilweise wird sogar schon der Rechtscharakter der Grundrechte bestritten, vgl. dazu K. E. *Heinz*, DÖV 1978, 398 ff.

[24] *Theodor Maunz*, Deutsches Staatsrecht, § 13 III 2.

[25] Vgl. *Hans Nawiasky*, Die Grundgedanken des Grundgesetzes für die Bundesrepublik Deutschland, Stuttgart, 1950, S. 33.

der Treue gegen die Verfassung und hat Verfassung und Recht zu beachten und zu befolgen."

Allerdings haben sich die Väter des Grundgesetzes im Verlaufe der Verfassungsberatungen ausweislich der über die Verhandlungen des Parlamentarischen Rates und seines Hauptausschusses im Jahre 1948 angefertigten Sach- und Sprechregister nicht mehr ausdrücklich mit dem Thema Grundpflichten befaßt. Aus der Anlage zum Stenographischen Bericht über die 9. Sitzung des Parlamentarischen Rates kann man lediglich entnehmen, daß der Abgeordnete Dr. v. Mangoldt als Berichterstatter zum Grundrechtsteil ausführte: „Die Grundrechte setzen die Einordnung des Einzelnen in den Staat voraus. Es gibt auch Grundpflichten des Einzelnen[26]." Dieser Satz wurde freilich ebensowenig diskutiert wie der eben zitierte Art. 19 des Herrenchiemsee-Entwurfs, weil nach Auffassung Nawiaskys für eine derartige Diskussion kein rechtes Verständnis aufgebracht wurde[27].

II. Zum Teilverzicht des Grundgesetzes auf Grundpflichten

Kann man aus der Nichtaufnahme einer ursprünglich vorgesehenen Grundpflicht, aus dem Schweigen des Verfassungswortlauts und dem Inhalt der Diskussionsbeiträge im Rahmen der Verfassungsgebung einen Totalverzicht auf die Normierung von Grundpflichten im Grundgesetz herauslesen[28]? Dies wird man verneinen müssen. Auf dieser schmalen Argumentationsbasis läßt sich allenfalls ableiten, dem individualistischen Pathos der Bundesverfassung hätte die Betonung der Grundpflichten widersprochen[29].

Darüber hinaus ist nur begründbar und nachweisbar, der Parlamentarische Rat habe aus unterschiedlichen Erwägungen einen Teilverzicht gewollt. Diese These wird einmal durch den Wunsch gestützt, das Grundgesetz zu entlasten und eine Normierung in den Landesverfassungen zu ermöglichen[30]. Der Entlastungseffekt gilt jedenfalls für den Komplex der staatsbürgerlichen Ehrenämterpflichten. Sie sollten im Gegensatz zur Weimarer Verfassung nur noch den Rang von Landesverfassungsrecht einnehmen, weil sie nur dort von erheblicher praktischer Bedeutung sind und im Zeitpunkt des

---

[26] Sitzung vom 9. 5. 1949, Drucksache Nr. 850 und 854, S. 5 bis 14.
[27] Vgl. *Hans Nawiasky*, Die Grundgedanken des Grundgesetzes für die Bundesrepublik Deutschland, Stuttgart, 1950, S. 33.
[28] So im Ergebnis *Hans H. Klein*, Der Staat, Band 14, 1975, S. 153 ff.
[29] So *Horst Feldmann / Margot Geisel*, Deutsches Verfassungsrecht des Bundes und der Länder, S. 19.
[30] Vgl. die Verhandlungen des Hauptausschusses des Parlamentarischen Rates, 57. Sitzung, S. 748.

Inkrafttretens des Grundgesetzes bereits teilweise landesrechtlich, z. B. in Bayern (Art. 121) und in Rheinland-Pfalz (Art. 21 Abs. 1), als Grundpflicht normiert waren. Ein Hinweis hierauf enthält Art. 33 Abs. 1 GG, der staatsbürgerliche Pflichten auf Landesebene voraussetzt.

Die These vom Teilverzicht gegenüber dem umfangreichen Grundpflichtenkatalog der Weimarer Verfassung wird zum anderen durch die besondere Staatsform der Bundesrepublik erhärtet. Das Grundgesetz legt in Art. 20 Abs. 1 GG unter anderem das Bundesstaatsprinzip fest mit der Folge, daß den Bundesländern entsprechend dem in Art. 30, 70, 83 und 105 GG niedergelegten Grundgedanken über die Kompetenzverteilung zwischen Bund und Ländern ein eigener Regelungsbereich verbleiben muß. Deshalb ist die allgemeine Schulpflicht, die in der Weimarer Reichsverfassung den Charakter einer Bundesgrundpflicht besaß (Art. 145) zur Landesgrundpflicht geworden, weil das Grundgesetz die Länder zum ausschließlichen Träger der Kulturhoheit erklärt[31].

Weiter beabsichtigte der Verfassungsgeber, den im Grundgesetz zu verankernden Katalog von Grundrechten aus dem den Zweiten Hauptteil der Weimarer Verfassung verdunkelnden Zwielicht des Mischmaschs von unmittelbar verbindlichen Rechtsnormen und bloßen Programmsätzen zu befreien. Diese Flurbereinigung hatte ebenfalls zur Folge, daß einige Grundpflichten nicht mehr im Grundgesetz wiederkehrten[32].

Weitere Anhaltspunkte für einen Verzicht auf Grundpflichten sind nicht ersichtlich. Deshalb darf man wohl den Rechtsstandpunkt vertreten, der Grundgesetzgeber habe Grundpflichten im übrigen nicht ausschließen, sondern eher als eine Selbstverständlichkeit ansehen wollen, die keiner besonderen verfassungsrechtlichen Erörterung und Erwähnung bedarf[33], wenngleich dies aus Gründen der Rechtsklarheit zu begrüßen gewesen wäre. Für diese Meinung streitet zunächst, daß auch die Landesverfassungen und die Weimarer Verfassung die einzelnen Pflichten der Staatsbürger im Text nicht selbst als Grundpflichten kennzeichneten. Es wäre ferner ungewöhnlich, daß der Bürger gegenüber dem Bund keine verfassungsrechtlichen Pflichten erfüllen muß, während er von den Landesverfassungen in die Pflicht genommen wer-

---

[31] BVerfGE 6, 309, 354; BVerfGE 41, 29, 44 ff. Im Ergebnis auch *Hans H. Klein*, Der Staat, Band 14, 1975, S. 154 f.
[32] So *Hans H. Klein*, Der Staat, Band 14, 1975, S. 158.
[33] So ausdrücklich *Horst Feldmann / Margot Geisel*, Deutsches Verfassungsrecht des Bundes und der Länder, S. 19; *Otto Kimminich*, Deutsche Verfassungsgeschichte, S. 493. In diesem Sinne schon der Abgeordnete Dr. Schmid zu Art. 5 Abs. 3 Satz 2 GG im Parlamentarischen Rat (Stenographischer Bericht), 9. Sitzung vom 6. Mai 1949, S. 176.

den kann. Außerdem wäre es nicht einleuchtend, weshalb die im Grundgesetz verankerten Pflichten rechtlich einen anderen Rang als die dort geregelten Grundrechte einnehmen sollen.

Dies mögen die Beweggründe sein, weshalb ein Großteil des Schrifttums die in der Verfassung enthaltenen Pflichten — ohne nähere Erläuterung — als Grundpflichten qualifiziert[34]. Hier wird neben der Wehrpflicht vornehmlich die Treueklausel des Art. 5 Abs. 3 Satz 2 GG angeführt. Da die bei den Beratungen heftig umkämpfte Verfassungstreuebestimmung seit dem Bestehen des Grundgesetzes in der Verfassung normiert ist[35], trifft die gelegentlich vertretene Auffassung nicht zu[36], mit der durch Novellierung des Grundgesetzes eingeführten Wehrpflicht sei erstmalig den Grundrechten eine spezielle Grundpflicht gegenübergestellt worden[37].

III. Grundpflichten und freiheitlich-demokratischer Rechtsstaat

Unabhängig von dieser mehr sprachlichen und systematischen, vornehmlich an den Grundrechten orientierten Interpretation, dürfte indes entscheidend sein, daß ein freiheitlich-demokratischer Rechtsstaat[38], der seinen Bürgern Grundrechte einräumt, diesen auch entsprechende Grundpflichten auferlegt[39]. Das Grundgesetz ist — wie das Bundesverfassungsgericht formuliert hat — eine wertgebundene Ordnung, die den Schutz von Freiheit und Menschenwürde als den obersten Zweck allen Rechts anerkennt; sein Menschenbild ist nicht das des selbstherrlichen Individuums, sondern das der in der Gemeinschaft stehenden und ihr und damit auch dem Staat vielfältig verpflichteten Persönlichkeit[40]. So betrachtet sind Grundrechte zugleich Faktoren der Gemeinschafts-

---

[34] *Günther Küchenhoff / Erich Küchenhoff*, Allgemeine Staatslehre, 8. Aufl., Stuttgart, 1977, S. 73 f.; *Theodor Maunz*, Deutsches Staatsrecht, § 13 III 2, 3; *Horst Feldmann / Margot Geisel*, Deutsches Verfassungsrecht des Bundes und der Länder, S. 19, 58; *Hermann von Mangoldt*, Das Bonner Grundgesetz, Berlin, 1953, S. 39; *von Mangoldt / Klein*, S. 112; *Adolf Süsterhenn / Hans Schäfer*, Kommentar der Verfassung für Rheinland-Pfalz, S. 135. So wohl auch *Otto Kimminich*, Deutsche Verfassungsgeschichte, S. 493 und *Detlef Merten* BayVBl. 1978, 554 ff.
[35] Vgl. auch *Wernicke*, in: Bonner Kommentar, Art. 5 III 3 d.
[36] Vgl. *Wolfgang Martens*, Grundgesetz und Wehrverfassung, S. 124; *Hahnenfeld*, Wehrpflichtgesetz, § 1 Rdnr. 8.
[37] *K. Ipsen / I. Ipsen*, in: Bonner Kommentar, Art. 12 a Rdnr. 21 ff.
[38] Vgl. zu diesem Interpretationsprinzip *Gerd Roellecke*, Prinzipien der Verfassungsinterpretation in der Rechtsprechung des Bundesverfassungsgerichts, in: Bundesverfassungsgericht und Grundgesetz, Tübingen, 1977, S. 22, 24; *Hellmut Steinberger*, Konzeption und Grenzen freiheitlicher Demokratie, Berlin, 1974.
[39] In diesem Sinne auch *Hans H. Klein*, Der Staat, Band 14, 1975, S. 158.
[40] BVerfGE 12, 45, 51.

ordnung[41], weil sie die Einordnung des einzelnen in den Staat und damit auch Grundpflichten voraussetzen[42]. Erst jüngst hat das Bundesverfassungsgericht seine Vorstellung von der grundgesetzlichen Pflichtigkeit des Bürgers gegenüber dem Staat in einer Demokratie konkretisiert. In der Entscheidung über die Verfassungsmäßigkeit der Wehrdienstnovelle rechtfertigte das Gericht die Wehrpflicht damit, daß der Staat, der Menschenwürde, Leben, Freiheit und Eigentum als Grundrechte anerkenne und schütze, dieser verfassungsrechtlichen Schutzverpflichtung gegenüber seinen Bürgern nur mit Hilfe eben dieser Bürger und ihres Eintretens für den Bestand der Bundesrepublik Deutschland nachkommen könne[43].

Dieser Kernsatz über das Verhältnis von Staat und Bürger bezieht sich nicht nur auf die Wehrpflicht. Er stellt vielmehr eine allgemeingültige Aussage über die verfassungsrechtlichen Beziehungen zwischen Bürger und Staat dar[44], weil der Staat nur durch Erfüllung derartiger Grundpflichten bestehen kann. So unterliegen beispielsweise die Freiheitsrechte des Grundgesetzes nicht nur Gefahren, die für den Bestand der Bundesrepublik von außen drohen. Grundpflichten des Bürgers sind ebenso notwendig, um inneren Gefahren zu begegnen, die auf die Beseitigung der verfassungsmäßigen Ordnung gerichtet sind. Insoweit nimmt der Staat die Bürger in die Verantwortung, indem er von ihnen Treue zur Verfassung verlangt (Art. 5 Abs. 3 Satz 2 und 33 Abs. 4 GG) oder wenigstens erwartet, daß sie Angriffe auf die verfassungsmäßige Ordnung unterlassen[45]. Klaus Stern drückt dieses Postulat so aus: „Im Verhältnis zur freiheitlichen demokratischen Grundordnung darf es keine Distanz, sondern nur Identifikation geben[46]."

---

[41] *Hans H. Klein,* Die Grundrechte im demokratischen Staat, S. 30.

[42] *von Mangoldt,* Anlage zum Stenographischen Bericht, 9. Sitzung des Parlamentarischen Rates vom 6. 5. 1949, Drucksache Nr. 850 und 854, S. 5 bis 14.

[43] BVerfG DVBl. 1978, 394 ff.

[44] *Klaus Roth-Stielow,* Grundgesetz und Rechtsanwendung, München, 1972, S. 79.

[45] Immerhin hat das Grundgesetz an mehreren Stellen Vorkehrungen gegen eine Bedrohung und Angriffe auf die verfassungsmäßige Ordnung getroffen: Art. 2 Abs. 1, 9 Abs. 2, 18, 20 Abs. 4, 21 Abs. 2, 79 Abs. 3, 91, 98 Abs. 2 GG. *Erhard Denninger* (Verfassungstreue und Schutz der Verfassung, DÖV 1978, 798 ff.) meint, die vom Bürger erwartete Verteidigungsleistung für die Demokratie bleibe unbestimmt. Es handle sich nur um eine „Verfassungserwartung", nicht um eine individuell justitiable, sanktionierbare Rechtspflicht (Leitsatz IV 1 zu den Beratungsgegenständen der Staatsrechtslehrertagung 1978 in Bonn), obwohl Denninger die Ansicht vertritt, daß die Verfassungstreue der beste und dauerhafteste Schutz der Verfassung ist (Leitsatz VI 9). Ebenso *Hans H. Klein* (Verfassungstreue und Schutz der Verfassung, DÖV 1978, 800 f.). Es gibt keine allgemeine Pflicht des Bürgers zur Verteidigung der freiheitlichen Demokratie (Leitsatz III 1).

[46] *Klaus Stern,* Staatsrecht, § 16 I 4. In diesem Sinne wohl auch *Georg Dahm,* Deutsches Recht, § 39 VI.

§ 3 Mögliche Grundpflichten im einzelnen

I. Standort der Grundpflichten im Verfassungssystem

Nachdem erwiesen ist, daß das Grundgesetz entgegen dem ersten Anschein nicht gänzlich auf Grundpflichten des einzelnen gegenüber dem Staat verzichtet, sondern einerseits ausdrückliche verfassungsrechtliche Pflichten aufrichtet und andererseits aus dem Prinzip der freiheitlich demokratischen Grundordnung ableitbare Grundpflichten enthält, kann man sich den einzelnen Grundpflichten und ihrem Inhalt zuwenden.

Wenn man — wie hier — mit Grundpflichten das Gegenstück zu den Grundrechten meint, liegt es nahe, ausschließlich den Grundrechtsteil der Verfassung auf Grundpflichten hin zu durchmustern. Eine Beschränkung hierauf wäre freilich methodisch bedenklich. Denn ebenso wie das Grundgesetz außerhalb des ersten Abschnitts Rechte des Bürgers regelt, die sich in ihrer Eigenart nicht von den ausdrücklich als Grundrechte bezeichneten Rechten unterscheiden (vgl. Art. 33 Abs. 1 - 3, 101 Abs. 1, 103, 104 GG), enthält das Grundgesetz möglicherweise Grundpflichten des einzelnen, die nicht im systematischen Zusammenhang mit den Grundrechten normiert sind. Diese Vermutung liegt insbesondere deshalb nahe, weil sich Grundrechte und Grundpflichten nicht entsprechen müssen.

II. Präambel (Pflicht zur Wiedervereinigung?)

Umstritten ist bereits, ob die Präambel des Grundgesetzes eine Grundpflicht für den Staatsbürger mit dem Satz aufstellt, „Das gesamte Deutsche Volk bleibt aufgefordert, in freier Selbstbestimmung die Einheit und Freiheit Deutschlands zu vollenden". Die Charakterisierung dieser im Vorspruch enthaltenen Wiedervereinigungspflicht als Verfassungspflicht des Bürgers scheitert nicht schon an der gesetzestechnischen Stellung vor dem eigentlichen Verfassungstext. Denn die Präambel ist nicht nur von politischem Gewicht. Sie ist Bestandteil der Verfassung[1] und hat insofern eine rechtliche Dimension, als sie Ziel und Zweck des Grundgesetzes erläutert und die Wiedervereinigung zum verfassungsrechtlichen Gebot erhebt[2].

---

[1] *Giese / Schunck*, Grundgesetz, 9. Aufl., Frankfurt, 1976, Präambel II.
[2] BVerfGE 5, 85, 126 ff., 12, 45, 51 ff., 36, 1, 17 ff.; *Maunz-Dürig-Herzog-Scholz*, Präambel Rdnr. 8; *Klaus Stern*, Staatsrecht, § 14 IV 5.

Fraglich ist hingegen, wer Adressat dieser Rechtspflicht ist. Die Präambel spricht das „gesamte Deutsche Volk" an. Ist damit gemeint, daß auch jeder einzelne Staatsbürger positiv für die Wiedervereinigung eintreten oder — wie ein Teil der Grundgesetzkommentatoren meint[3] — wenigstens alles unterlassen muß, was eine Wiedervereinigung unmöglich macht?

Aus der isolierten Betrachtung des Vorspruchs kann man zwar nicht erkennen, daß sich die Wiedervereinigungspflicht auf die Staatsorgane beschränken soll[4]. Dafür enthält der Wortlaut selbst keine Anhaltspunkte. Vergleicht man jedoch den Sprachgebrauch mit dem des Verfassungstextes, dann stellt man mühelos fest, daß der Grundgesetzgeber stets genau zwischen dem deutschen Volk (Art. 20 Abs. 2, Art. 38 Abs. 1, Art. 146 GG) Volksbefragungen und Volksabstimmungen (Art. 29 und 118 GG) sowie Deutschen (Art. 8, 9, 11, 12, 16 GG) unterscheidet. Wenn im Grundgesetz vom Volk mit oder ohne Wortverbindungen die Rede ist, dann ist die Gesamtheit der Deutschen und nicht der einzelne im Volk gemeint[5]. So legt Art. 146 GG zur Geltungsdauer des Grundgesetzes fest, daß das Grundgesetz seine Gültigkeit verliert, wenn „von dem deutschen Volke" eine Verfassung in freier Entscheidung beschlossen würde.

Noch deutlicher bringen Art. 20 Abs. 2 und Art. 38 Abs. 1 GG diesen Inhalt zum Ausdruck: Alle Staatsgewalt geht vom Volke aus; sie wird vom Volke in Wahlen und Abstimmungen und durch besondere Organe ausgeübt. Die Abgeordneten sind Vertreter des ganzen Volkes. Aus dem in diesen Bestimmungen niedergelegten Prinzip der repräsentativen Demokratie erhellt für die Interpretation der Worte „Das gesamte Deutsche Volk" in der Präambel, daß das Volk auch bei der Pflichtaufgabe, die Wiedervereinigung herbeizuführen, von den gewählten bzw. den zuständigen Organen repräsentiert wird. Hätte der Verfassungsgeber jedem einzelnen Deutschen diese Pflicht auferlegen wollen, dann hätte er dies, wie im Grundgesetz sonst gebräuchlich, durch die Verwendung des Begriffs „Deutsche" klarstellen müssen. Für diese Auslegung spricht auch die Entstehungsgeschichte der Präambel, weil der Hauptausschuß zunächst über die Formulierung „Das Deutsche Volk in seiner Gesamtheit" beraten hatte[6].

---

[3] So *Maunz-Dürig-Herzog-Scholz*, Präambel Rdnr. 9. Im Anschluß daran *Schmidt-Bleibtreu / Klein*, Kommentar zum Grundgesetz, Präambel Rdnr. 9; *Brinkmann*, Grundrechts-Kommentar, Präambel Erl. I 9.

[4] So zu Recht *Maunz-Dürig-Herzog-Scholz*, Präambel Rdnr. 9.

[5] In diesem Sinne auch *Maunz-Dürig-Herzog-Scholz*, Präambel Rdnr. 15. Vgl. zu diesem Gedanken für Pflichten aus Art. 24 GG, *Ondolf Rojahn*, in: I. v. Münch, Art. 25 Rdnr. 35.

[6] Vgl. dazu *von Mangoldt / Klein*, S. 6 m. w. N.

II. Präambel (Pflicht zur Wiedervereinigung?)

Eine Bürgergrundpflicht zu positivem Tun im Hinblick auf eine Wiedervereinigung wird man aber auch verneinen müssen, weil es für den einzelnen Staatsbürger rechtlich und tatsächlich unmöglich wäre, an verantwortlicher Stelle eine derartige Rechtspflicht zu erfüllen. Er ist weder legitimiert, Verhandlungen über die Wiedervereinigung aufzunehmen und zu führen noch ist er in der Lage, den bestehenden Rechtszustand faktisch zu ändern. Vor diesem Hintergrund kann man nicht annehmen, der Verfassungsgeber habe jedem Deutschen eine solche unerbringbare Pflicht auferlegen wollen. Deutsche könnten allenfalls gehalten sein, im politischen Vorfeld dieser den zu politischem Handeln berufenen Staatsorganen[7] obliegenden Aufgaben durch entsprechende Meinungsäußerungen, Demonstrationen und Vereinsgründungen einen positiven Beitrag zur Wiedervereinigung zu leisten. Solche auf ein Tun gerichtete Pflichten widersprächen freilich dem Grundgedanken der Art. 5, 8 und 9 GG, mit dem der Vorspruch in Einklang stehen muß. Die zitierten Grundrechte garantieren nämlich auch das Recht des Staatsbürgers, seine Meinung zu bestimmten politischen Fragen nicht zu artikulieren und bestimmten Versammlungen und Vereinigungen fernzubleiben[8].

Wenn sonach eine positive Rechtspflicht zur Förderung der Wiedervereinigung für den einzelnen Staatsbürger nicht besteht, sondern die Wiedervereinigungspflicht für Deutsche lediglich ein politisch-moralischer Appell sein kann[9], bleibt zu vertiefen, ob der einzelne — ebenso wie der Staat[10] — gehalten ist, wenigstens Maßnahmen zu unterlassen, die gegen eine Wiedervereinigung gerichtet sind. Diese Pflicht zur Neutralität in Wiedervereinigungsfragen wird vertreten, wenngleich eingeräumt wird, daß nicht ohne weiteres zu erkennen sei, „welcher Art die Handlungen sein könnten, die hier auch dem Einzelnen möglich wären". Das hindere aber nicht, die Unterlassungspflicht für den Fall zu bejahen, daß sich in der Zukunft einmal die Möglichkeit ergebe[11].

An dieser Begründung fällt zunächst auf, daß die Unterlassungspflicht zukunftgerichtet ist und anscheinend im gegenwärtigen Zeitpunkt keine aktuelle Bedeutung besitzt. Die Kommentaräußerung dürfte wohl so zu verstehen sein, daß sich der Staatsbürger nur nicht

---

[7] So BVerfGE 36, 1, 17. In diesem Sinne auch *Maunz-Dürig-Herzog-Scholz*, Präambel Rdnr. 8.
[8] Vgl. statt vieler *Konrad Hesse*, Grundzüge des Verfassungsrechts in der Bundesrepublik Deutschland, § 12 I 8 b und *Maunz-Dürig-Herzog-Scholz*, Art. 5 Rdnr. 40.
[9] *I. v. Münch*, in: I. v. Münch, Präambel Rdnr. 33. a. M. *Brinkmann*, Erl. I 9, der eine „Pflicht" für „jedermann" bejaht.
[10] BVerfGE 36, 1, 17 f.
[11] So *Maunz-Dürig-Herzog-Scholz*, Präambel Rdnr. 9 und im Anschluß daran *Schmidt-Bleibtreu / Klein*, Präambel, Rdnr. 9.

gegen eine unmittelbare bevorstehende bereits von den politischen Organen vorbereitete und ausgehandelte Wiedervereinigung stellen darf. Eine so verkürzte Unterlassungspflicht wirkt künstlich und ist in sich widersprüchlich, weil sie offenbar heute noch Bestrebungen gegen die Wiedervereinigung erlaubt, die morgen möglicherweise verfassungswidrig sind. Ferner bleibt unklar, welche konkreten Unterlassungspflichten bestehen. Pflichten des Bürgers und vor allem Grundpflichten müssen hinreichend bestimmt oder wenigstens bestimmbar sein. Wenn selbst für Grundgesetzinterpreten nicht ohne weiteres erkennbar ist, welche Pflichten das sein können, kann man sie erst recht nicht dem Bürger aufbürden.

Unterlassungspflichten im Zusammenhang mit der Wiedervereinigung sind eigentlich nur dahin denkbar, nichts zu unternehmen, was die Wiedervereinigung rechtlich erschwert oder unmöglich macht. Solche Rechtsfolgen kann aber nur ein Unterlassen staatlicher Organe auslösen, die ausschließlich rechtswirksam konkludent bestimmte Rechtspositionen widerspruchslos preisgeben könnten.

Darüber hinaus wäre eine Gefährdung der Wiedervereinigung durch einzelne Deutsche nur vorstellbar, wenn sie es nicht unterlassen, ihre Meinung gegen eine Wiedervereinigung gegenüber Dritten, bei Versammlungen und in Vereinen mit entsprechendem Satzungszweck zu äußern und zu verfolgen. Eine derart umfassende Unterlassungspflicht wäre aber unbeschadet des in der Präambel enthaltenen Auftrags zur Wiedervereinigung nicht rechtens. Sie würde einmal die aus Art. 5[12], 8 und 9 GG erwachsenden Freiheitsrechte in unzulässiger Weise beschneiden. Ferner verpflichtet das Grundgesetz den Bürger nur auf die bestehende Verfassung; es kann ihm keine Pflichten auferlegen, die letztlich auf eine neue und andere, eine gesamtdeutsche Verfassung im Sinne des Art. 146 GG hinauslaufen. Zwar soll das Grundgesetz einerseits nach seinen Eingangsworten dem staatlichen Leben nur für eine Übergangszeit eine Ordnung geben. Andererseits verlangt es vom Bürger nur, daß er nicht den Bestand der Bundesrepublik gefährdet und die freiheitlich demokratische Grundordnung nicht beeinträchtigt oder beseitigt. Maßnahmen, die gegen eine Wiedervereinigung gerichtet sind und das Fortbestehen der Bundesrepublik anstreben, können sogar bei vereinsmäßiger Zielsetzung nach dem Grundgesetz nicht verboten werden, weil die eben erwähnten Grundwerte nicht tangiert sind[13]. Darüber hinaus fordert auch das Strafrecht nicht, Handlungen gegen eine Wiedervereinigung zu unterlassen, während hingegen die Beeinträchtigung des Bestands der Bundesrepublik als Hochverrat mit Strafe bedroht ist.

---

[12] So *Maunz-Dürig-Herzog-Scholz*, Präambel Rdnr. 9.
[13] Ebenso *I. v. Münch*, in: I. v. Münch, Art. 21 Rdnr. 74.

Angesichts dieser Rechtslage könnte man allenfalls daran denken, ob nicht eine Unterlassungspflicht deshalb erforderlich ist, weil der Staat sonst seinen Auftrag zur Wiedervereinigung nicht erfüllen kann. Dies trifft freilich nicht zu. Die politischen Staatsorgane sind an Weisungen der Staatsbürger nicht gebunden und dem Gesetzgeber steht ein weiter Raum politischen Ermessens zu, auf welche Weise und in welchem zeitlichen Rahmen er dem Wiedervereinigungsgebot nachkommt.

III. Grundpflichten im Abschnitt „Die Grundrechte"

1. Art. 1 GG (Pflicht zur Achtung der Menschenwürde?)

Da Art. 1 Abs. 3 GG von den „nachfolgenden" Grundrechten spricht, besteht die Möglichkeit, daß sich die ersten beiden Absätze des Art. 1 GG mit Grundpflichten beschäftigen. Tatsächlich folgt aus Art. 1 Abs. 1 Satz 1 GG die Rechtspflicht für jedermann, die Menschenwürde zu achten[14], zumal aufgrund der Vorstellungen des Verfassungskonvents feststeht, Art. 1 GG solle nicht nur den Staat, sondern auch Privatpersonen verpflichten[15]. Gleichwohl darf man aber davon ausgehen, daß diese Bürgerpflicht nicht staatsgerichtet ist.

Der Charakter einer Grundpflicht zugunsten des Staates ist aus zwei Erwägungen zu verneinen. Erstens steht dem Staat als juristische Person keine Menschenwürde zu. Zweitens sind Achtung und Schutz der Menschenwürde in erster Linie Verpflichtung der staatlichen Gewalt. Der Staat kann jedoch nicht gleichzeitig Adressat und Berechtigter einer Pflicht sein. Der Staatsbürger ist lediglich dem Staat gegenüber gehalten, Dritten gegenüber den Anspruch auf Menschenwürde zu beachten, weil die staatliche Gewalt andernfalls zugunsten des Dritten einschreiten kann. Diese Pflicht reicht indes über die allgemeine Pflicht, die Verfassung zu beachten, nicht hinaus.

Ebensowenig ist aus Art. 1 Abs. 2 GG eine Grundpflicht zu entnehmen. Nach dieser Vorschrift bekennt sich das „Deutsche Volk" zu unverletzlichen und unveräußerlichen Menschenrechten. Damit wird keine Bekenntnispflicht jedes Deutschen aufgerichtet. Einmal sind mit dem „Volk" — wie in der Präambel — die Repräsentanten des Volkes und die staatlichen Organe gemeint. Zum anderen besteht die Gefahr einer Verletzung der Menschenrechte vor allem von seiten des Staates. Schließlich gilt das zu Art. 1 Abs. 1 GG Gesagte: Der Staat kann sich

---

[14] BVerfGE 12, 1, 4; *Reinhold Zippelius*, in: Bonner Kommentar, Zweitbearbeitung, Art. 1 Rdnr. 29; *Herdemerten*, in: I. v. Münch, Art. 1 Rdnr. 16.

[15] Vgl. *Süsterhenn*, in: Jahrbuch des Öffentlichen Rechts 1 (1951), S. 51 und den Bericht über den Verfassungskonvent auf Herrenchiemsee vom 10. bis 23. 8. 1948, München, 1948, S. 21.

selbst nicht auf Menschenrechte berufen und der Staatsbürger darf nur nicht gegen Rechtsvorschriften verstoßen, die im Interesse der Menschen erlassen sind.

2. Art. 2 Abs. 1 GG (Rechtsgehorsamspflicht)

Damit ist die Rechtsproblematik angesprochen, ob Art. 2 Abs. 1 GG möglicherweise eine Grundpflicht aufstellt. Nach dieser Bestimmung hat jeder das Recht auf die freie Entfaltung seiner Persönlichkeit, soweit er nicht die Rechte anderer verletzt und nicht gegen die verfassungsmäßige Ordnung oder das Sittengesetz verstößt. Diese „Soweit-Klausel" wird regelmäßig als Schrankenvorbehalt im Interesse des Gemeinwohls gedeutet[16]. Eine Meinung im Schrifttum geht dahin, der Grundgesetzgeber habe damit an die Spitze der Grundrechte die Grundpflichten gestellt. Der Bedeutungsgehalt der Vorschrift als Kernaussage zu den Grundpflichten sei nur noch nicht hinreichend erkannt worden, weil die Grundpflichten versteckt im Nebensatz aufgeführt seien. Richtigerweise sei der durch die Soweit-Klausel entstandene grundrechtsfreie Raum als Grundpflichtenkreis von dem Grundrechtskreis umschlossen[17].

Diese Auffassung hat für sich, daß die Formulierung des Art. 2 Abs. 1 GG nicht unbedingt dazu zwingt, in dieser Vorschrift — beispielsweise im Gegensatz zur Fassung des Art. 5 Abs. 2 GG — nur eine Grundrechtsschranke zu sehen, da die Schrankentrias nicht als solche gekennzeichnet ist. Wortlaut und Entstehungsgeschichte des Art. 2 Abs. 1 GG liefern indes keine Anhaltspunkte für eine umfassende generelle Grundpflichteninterpretation dieses Grundgesetzartikels. Vor allem ist nicht ersichtlich, weshalb in Art. 2 GG die Grundpflichten schlechthin festgelegt sein sollen, wenn gleichzeitig unübersehbar ist, daß das Grundgesetz an anderer Stelle ebenfalls von Pflichten des Bürgers spricht. Ferner bemerken von Mangoldt / Klein zu Recht, die angebliche Spitzenstellung der Grundpflichten im Grundgesetz lege eher das Umschlossenwerden des Grundrechtskreises von dem Grundpflichtenkreis als umgekehrt nahe und Grundpflichtenkreis und „Rechte anderer" ließen sich nicht gleichsetzen[18].

Scheidet somit die Auslegung des Art. 2 Abs. 1 GG als allgemeiner Grundpflichtenkreis aus, so ist damit noch nicht gesagt, ob dieser Bestimmung nicht bestimmte einzelne Grundpflichten entnommen werden können[19]. Ist vielleicht die an keiner Stelle des Grundgesetzes nieder-

---

[16] *Model / Müller*, Grundgesetz, Art. 2; *Niemöhlmann*, in: I. v. Münch, Art. 2 Rdnr. 2 und 20.
[17] *Oswald Lassally* MDR 1953, 76.
[18] *von Mangoldt / Klein*, S. 112.

III. Grundpflichten im Abschnitt „Die Grundrechte"

gelegte allgemeine Treuepflicht des Bürgers gegenüber seinem Staat Gegenstand des Art. 2 Abs. 1 GG? Man wird dies auch auf die Gefahr hin verneinen müssen, daß der Staat von der Liebe zu der Republik und von der auf das Gemeinwohl ausgerichteten sittlichen Einstellung lebt[20].

Wie erinnerlich ist aus den Materialien zum Grundgesetz zu entnehmen, daß selbst die noch in Art. 19 des Herrenchiemsee-Entwurfs vorgesehene Treuevorschrift nur eine Treueverpflichtung hinsichtlich der Befolgung der Gesetze aufstellen wollte[21]. Ein weitergehender Treueinhalt wurde damals nicht angesprochen. Ferner dürften die Aufnahme der Treuepflicht für Hochschullehrer in Art. 5 Abs. 3 GG und die Verankerung des Treuegedankens in Art. 33 Abs. 4 GG und als hergebrachter Grundsatz des Berufsbeamtentums[22] in Art. 33 Abs. 5 GG belegen, daß der Grundgesetzgeber eine Treue zum Staat im Sinne eines aktiven Eintretens für den Staat und eine Pflicht, sich mit der Idee des Staates zu identifizieren[23] und ihm fest verbunden zu sein[24], nur von bestimmten Personengruppen nicht aber von jedermann verlangt.

Dem Bürger ist vielmehr gestattet, sich gegenüber dem Staat neutral zu verhalten und sich sogar von ihm innerlich zu distanzieren. Das Bundesverfassungsgericht hat diese Differenzierung in der Treue gegenüber dem Staat zwischen Beamten und Staatsbürgern treffend so ausgedrückt: „Art. 33 Abs. 5 GG fordert vom Beamten das Eintreten für die verfassungsmäßige Ordnung, Art. 21 Abs. 2 GG läßt dagegen dem Bürger die Freiheit, diese verfassungsmäßige Ordnung abzulehnen und sie politisch zu bekämpfen, solange er es innerhalb einer Partei, die nicht verboten ist, mit allgemein erlaubten Mitteln tut[25]."

---

[19] Siehe zur Umdeutung von Grundrechten in Grundpflichten allgemein *Detlef Merten* BayVBl. 1978, 554, 557; *Willi Geiger*, Grundrechte und Rechtsprechung, München, 1959, S. 53: „In jedem Grundrecht steckt — freilich nicht erzwingbar, bar jeder Sanktion — eine rechtliche Grundpflicht des einzelnen." Siehe ferner *Erhard Denninger* JZ 1975, 545, 548 ff.

[20] So *Montesquieu*, Vom Geist der Gesetze, 5. Buch, 2. Kapitel und 3. Buch, 5. Kapitel. Vgl. auch *Detlef Merten* BayVBl. 1978, 557 und in diesem Sinne auch *Erhard Denninger / Hans H. Klein*, Verfassungstreue und Schutz der Verfassung, DÖV 1978, 798 ff. Leitsatz IV 2 bzw. VI.

[21] Vgl. oben § 2 I. Hingegen gehen die Landesverfassungen teilweise weiter. So hat nach Art. 9 Satz 1 Brem.LV jeder die Pflicht der Treue gegen Volk und Verfassung.

[22] BVerfGE 39, 334, 346 ff.

[23] Ebenso *Adolf Süsterhenn / Hans Schäfer*, Kommentar der Verfassung für Rheinland-Pfalz, S. 134. Unrichtig daher *Horst Feldmann / Margot Geisel*, Deutsches Verfassungsrecht des Bundes und der Länder, S. 59, welche die Treuepflicht nur als Unterlassungspflicht ausgestaltet wissen wollen.

[24] Vgl. *Gerhard Wahrig*, Deutsches Wörterbuch, Gütersloh 1977, Stichwort: Treue, S. 3729.

§ 3 Mögliche Grundpflichten im einzelnen

Diese Schlußfolgerung läßt sich auch aus Art. 2 Abs. 1 GG ziehen; sie steht ferner im Einklang mit Art. 9 Abs. 2 GG, der alle Nichtparteimitglieder betrifft. Dieser Artikel gebietet ebenso wie Art. 21 Abs. 2 GG nur, daß sich Vereinigungen nicht gegen die verfassungsmäßige Ordnung, also gegen bestimmte elementare Grundsätze der freiheitlich demokratischen Grundordnung[26] richten und insoweit keine aktiv kämpferische Haltung einnehmen[27]. Art. 9 Abs. 2 GG verlangt indes genausowenig wie Art. 21 GG ein positives Engagement für den Staat.

Diese Tendenz ist schließlich nicht aus anderen Vorschriften des Grundgesetzes herauszulesen, während nach den Landesverfassungen die Bürger teilweise auf die Treue zum Staat verpflichtet sind. Gegenstand der Treuepflicht ist, die körperlichen und geistigen Kräfte so zu betätigen, wie es dem Gemeinwohl entspricht bzw. an den öffentlichen Angelegenheiten Anteil zu nehmen (Art. 117 Bay. LV; Art. 9 Brem. LV; Art. 20 RP LV)[28]. Im Hinblick auf die nachdrückliche und ausführliche Erwähnung und Erläuterung der Treuepflicht in einzelnen Landesverfassungen und den Verzicht des Grundgesetzes auf eine umfassende Treueklausel, kann der in den betreffenden Landesverfassungen enthaltene Treuegehalt auch nicht als bindende Interpretation eines allgemeinen Prinzips allgemeingültige Geltung beanspruchen[29]. Stattdessen ist festzuhalten, daß das Grundgesetz eine allgemeine umfassende positive Treuepflicht als rechtliche Grundpflicht gegenüber dem Staat weder für jedermann noch für Staatsbürger, sondern nur für bestimmte Personenkreise kennt[30].

Hingegen dürfte sich aus Art. 2 Abs. 1 GG eine eingeschränkte Treuepflicht des einzelnen dahin ergeben, wenigstens die verfassungsrechtlichen und gesetzlichen Vorschriften zu beachten[31]. Diese allgemeine

---

[25] BVerfGE 39, 334, 359 und 373. Siehe dazu auch *Gerd Roellecke*, DÖV 1978, 457, 460 f.

[26] BVerfGE 6, 32, 38.

[27] BVerwG DVBl. 1971, 616.

[28] Vgl. dazu auch *Nawiasky-Leusser*, Art. 117 Rdnr. 5.

[29] So aber irrigerweise *Horst Feldmann / Margot Geisel*, Deutsches Verfassungsrecht des Bundes und der Länder, S. 19.

[30] *Hartmut Maurer* NJW 1972, 601, 602; *Horst Feldmann / Margot Geisel*, Deutsches Verfassungsrecht des Bundes und der Länder, S. 595 im Gegensatz zu S. 19, wo von einer positiven Treuepflicht die Rede ist; *Maunz-Dürig-Herzog-Scholz*, Art. 2 Rdnr. 23. a. M. wohl *Theodor Maunz*, Deutsches Staatsrecht, § 13 III 3; *von Mangoldt / Klein*, S. 112; *Schunck / De Clerck*, Allgemeines Staatsrecht und Staatsrecht des Bundes und der Länder, 7. Aufl., Siegburg, 1976, S. 18 jeweils ohne nähere Begründung; *Erhard Denninger / Hans H. Klein*, Verfassungstreue und Schutz der Verfassung, DÖV 1978, 798 ff. Leitsatz IV bzw. III 1.

[31] Vgl. zu diesem Inhalt der Treuepflicht BVerfGE 39, 334, 348 sowie *Theodor Maunz*, Deutsches Staatsrecht, § 13 III 3; *von Mangoldt / Klein*, S. 112;

III. Grundpflichten im Abschnitt „Die Grundrechte"

Rechtsgehorsampflicht ist aus dem Begriff der verfassungsmäßigen Ordnung abzuleiten, der in Art. 2 Abs. 1 GG verstanden wird als alle Rechtsnormen, die formell und materiell der Verfassung gemäß sind[32]. Die verfassungsmäßige Ordnung schränkt nicht nur die Freiheitsrechte ein, sondern legt zugleich dem Staatsbewohner die verfassungsrechtliche Pflicht auf, die staatliche Rechtsordnung nicht zu verletzen bzw. im Zusammenhang mit Art. 5 Abs. 2 und Art. 21 Abs. 2 GG nicht gegen die verfassungsmäßige Ordnung zu verstoßen[33].

Daß es sich bei dieser Pflicht um eine Grundpflicht im hier verstandenen Sinne handelt[34], erhellt ein Blick auf Art. 19 des Herrenchiemsee-Entwurfs des Grundgesetzes, der auch deshalb nicht ausdrücklich in die Verfassung übernommen wurde, weil er nur etwas Selbstverständliches regelte: Er ordnete nämlich die Befolgung der Verfassung und der Gesetze an[35]. Man kann schlecht unterstellen, der Grundgesetzgeber habe eine Grundpflicht dieses Inhalts überhaupt nicht gewollt und auf sie völlig verzichtet[36].

Teilweise wird angenommen, das Gebot, die Rechte anderer nicht zu verletzen, könne auch eine Pflicht sein, auf deren Einhaltung sich der Staat berufen könne[37]. Unstreitig steht fest, daß mit Rechten anderer primär die subjektiven privaten und öffentlichen Rechte der Mitmenschen gemeint sind[38]. Mit Maunz darf man als „Adressat" im Sinne des Soweitsatzes auch die fiskalischen Erscheinungsformen des Staates ansehen[39], weil der Staat im Rahmen dieser Beteiligungsform einer Privatperson gleichgestellt ist[40]. Hingegen ist es abzulehnen, den Staat in seiner Eigenschaft als Hoheitsträger als Adressaten zu benennen. Das Grundgesetz bezeichnet den Staat nicht als anderer, sondern als

---

Günther Küchenhoff / Erich Küchenhoff, Allgemeine Staatslehre, 8. Aufl., Stuttgart, 1977, S. 73.

[32] BVerfGE 6, 32, 38 ff.; *Leibholz / Rinck*, Art. 2 Rdnr. 5 ff.

[33] a. M. *Hamann / Lenz*, S. 54, welche die Achtungs- und Gehorsamspflicht nur für eine einfache Rechtspflicht halten, weil sie nicht auf einem entsprechenden natürlichen Recht des Staates beruhe.

[34] So im Ergebnis auch *von Mangoldt / Klein*, S. 112; *Maunz*, Deutsches Staatsrecht, § 13 III; *Günther Küchenhoff / Erich Küchenhoff*, Allgemeine Staatslehre, 8. Aufl., Stuttgart, 1977, S. 73. Zurückhaltender *Maunz-Dürig-Herzog-Scholz*, Art. 2 Abs. 1 Rdnr. 20 ff., die nur von allgemeinen Handlungspflichten sprechen.

[35] Vgl. oben § 2 I.

[36] Hingegen ist die Abgabenpflicht keine Grundpflicht, da sie nur aufgrund von Gesetzen besteht. Vgl. dazu auch BVerfGE 31, 145, 173 und kritisch: *Carl Schmitt*, Grundrechte und Grundpflichten, S. 217.

[37] *von Mangoldt / Klein*, S. 178 Erl. IV 1 d.

[38] Vgl. statt vieler *Maunz-Dürig-Herzog-Scholz*, Art. 2 Rdnr. 13.

[39] *Dürig*, in: Maunz-Dürig-Herzog-Scholz, Art. 2 Rdnr. 14. Ebenso *Nipperdey*, Grundrechte Band IV/2, S. 784.

[40] a. M. *Hamann / Lenz*, Erl. B 5.

staatliche Gewalt (Art. 1 Abs. 3 GG) oder öffentliche Gewalt (Art. 19 Abs. 4, Art. 93 Abs. 1 Nr. 4 a GG). Außerdem ist die aus Art. 2 Abs. 1 GG fließende Grundpflicht gegenüber der Staatsgewalt bereits abschließend mit der Befolgung der verfassungsmäßigen Ordnung erfaßt[41], so daß es eines Rückgriffs auf die Wendung „Rechte anderer" nicht bedarf.

3. Art. 5 Abs. 3 Satz 2 GG (Treuebindung zur Verfassung)

Gelegentlich werden die in Art. 5 Abs. 2 GG angeführten Schranken, welche die Freiheit der Meinungsäußerung und der Pressefreiheit begrenzen, als Pflichten gedeutet[42]. Selbst wenn dies entgegen dem Verfassungswortlaut, der nur von Schranken spricht, der Fall sein sollte, würde es sich gleichwohl nicht um Grundpflichten gegenüber dem Staat handeln, sondern um Pflichten, die einzelnen anderen Individuen gegenüber obliegt, was besonders klar in der Erwähnung der persönlichen Ehre oder des Jugendschutzes zum Ausdruck kommt. Das sind Rechtspositionen, auf die sich der Staat nicht berufen kann. Er darf nur deren Befolgung anordnen.

Anders verhält es sich mit Art. 5 Abs. 3 Satz 2 GG, wonach die Freiheit der Lehre nicht von der Treue zur Verfassung entbindet. Auf den ersten Blick gibt die Fassung dieser Treueklausel über ihre Qualifizierung wenig Aufschluß. Einerseits wird nicht der Ausdruck Pflicht verwendet und andererseits ist auch nicht von einer Schranke oder Einschränkung der Lehrfreiheit die Rede. Daher verwundert es nicht, wenn die Einordnung des Art. 5 Abs. 3 Satz 2 GG als Grundpflicht zurückhaltend beurteilt wird[43]. Teilweise betrachtet das Schrifttum die Treuebestimmung lediglich als „Vorbehalt zur Verfassungstreue"[44]; das Bundesverfassungsgericht spricht von einer ausdrücklichen Beschränkung der Wissenschaftsfreiheit[45].

Die Zugehörigkeit des Art. 5 Abs. 3 Satz 2 GG zu dem Katalog der Grundpflichten[46] wird freilich in dem Wort „entbindet" sichtbar. Aus

---

[41] Ebenso *Maunz-Dürig-Herzog-Scholz*, Art. 2 Rdnr. 14; *Niemöhlmann*, in: I. v. Münch, Art. 2 Rdnr. 22; noch differenzierender *Model / Müller*, Grundgesetz, Art. 2 Erl. 4.

[42] Vgl. dazu *Hamann / Lenz*, Einführung, S. 54.

[43] Vgl. z. B. *I. v. Münch*, in: I. v. Münch, Art. 5 Rdnr. 77; *Detlef Merten*, BayVBl. 1978, 554, 558. Allgemein dazu *M. Rennert*, Die Bindung des Hochschullehrers durch die Treueklausel des Art. 5 Abs. 3 GG, Diss. jur. Heidelberg, 1973.

[44] So *Maunz-Dürig-Herzog-Scholz*, Art. 5 Rdnr. 197.

[45] BVerfG NJW 1978, 1621 und *Karl Doehring*, Staatsrecht, S. 295 ff.

[46] So ausdrücklich *Wernicke*, in: Bonner Kommentar, Art. 5 Erl. II, S. 8; *Maunz-Dürig-Herzog-Scholz*, Art. 5 Rdnr. 1; *Theodor Maunz*, Deutsches Staatsrecht, § 13 III 3; *von Mangoldt / Klein*, S. 112.

der Verwendung dieses Begriffs ist zu entnehmen, daß der Lehrende unbeschadet der ihm eingeräumten akademischen Lehrfreiheit an die Verfassung gebunden sein soll. Diese Bindung ist nur als Pflicht und nicht lediglich als Schranke der Lehrfreiheit erklärbar[47], weil der Grundgesetzgeber dann andere Formulierungen gebraucht hätte.

Noch deutlicher wird der Pflichtcharakter durch die Aufnahme der Treue in den Verfassungstext. Denn dem Treuebegriff wohnt die Dauerpflichtigkeit gegenüber dem Treueadressat notwendig inne. Da der Ausdruck Treue expressis verbis im Grundgesetz verankert wurde, kann nur eine rechtliche Treuepflicht und nicht lediglich eine sittliche Pflicht gemeint sein[48]. Für die im Verhältnis zu anderen Berufsgruppen und Bürgern allgemein besondere rechtliche Verpflichtung der wissenschaftlich Lehrenden auf die Verfassung spricht weiter, daß dieser Personenkreis bei der Bevölkerung in aller Regel ein hohes Ansehen genießt, daß man ihm eher zu glauben geneigt ist als anderen Personen und schließlich, weil Lehrende — wenn auch nur in bescheidenem Maße — einen Erziehungsauftrag wahrnehmen und Meinungsmultiplikatoren sind.

Verfolgt man die Auseinandersetzung über diese Grundgesetzbestimmung im Parlamentarischen Rat, dann kann man vor allem aus den entscheidenden abschließenden Äußerungen zu Art. 5 Abs. 3 Satz 2 GG ebenfalls entnehmen, daß mit der Aufnahme der Treueklausel in die Verfassung nicht nur ein Warnzweck verfolgt, sondern eine Rechtspflicht gegenüber dem Staat aufgerichtet werden sollte. Der Abgeordnete Schmid wies nämlich unter anderem darauf hin, daß die Freiheit der Lehre unter dem Gebot der Verantwortlichkeit steht und mit dem Respekt erfolgen muß, den man einem Gesetz schuldet, nach dem ein Volk zu leben sich entschlossen hat. Es soll verhindert werden, daß unter dem Vorwand einer wissenschaftlichen Kritik ein Mann auf dem Katheder nichts anderes treibt als hinterhältige Politik, indem er die Demokratie und ihre Einrichtungen nicht kritisiert, sondern verächtlich macht. In diesem Zusammenhang fiel auch das Wort von der feierlichen Verpflichtung, auf die man notfalls hinweisen könne[49].

Umstritten ist, in welchem Umfange der Lehrende dem Staat gegenüber zur Treue verpflichtet ist. Der Gebrauch und die Bedeutung des Wortes „Treue" legen nahe, von dem Forscher und Gelehrten ein positives aktives Eintreten für die Verfassung und ihre Zielsetzungen und nicht nur eine Neutralität oder kühle Distanziertheit zu verlangen.

---

[47] So wohl auch BVerfG NJW 1978, 1621, das die „Pflicht zur Verfassungstreue" erwähnt.
[48] Ebenso *Wernicke*, in: Bonner Kommentar, Art. 18 Erl. II 1 b, S. 3.
[49] Stenographischer Bericht des Parlamentarischen Rates, 9. Sitzung vom 6. Mai 1949, S. 176.

Diese Begründung ließe sich vor allem mit der Erwägung stützen, der Treuebegriff müsse im Grundgesetz einheitlich interpretiert werden. Was nach Art. 33 GG für Beamte gelte, sei nach Art. 5 Abs. 3 Satz 2 GG gleichfalls für Wissenschaftler verbindlich. Mit Recht verneint das Schrifttum eine derart weite Bindung, weil nicht alle Forscher zum Staat in einem Beamtenverhältnis stehen und für beamtete Forscher Art. 33 Abs. 4 und 5 GG ohnehin vorrangig wäre.

Unabhängig von der fehlenden Vergleichbarkeit der zum Staat in einem besonders engen Rechts- und Pflichtenverhältnis stehenden Beamten und nichtbeamteter Pflichtträger im Sinne des Art. 5 Abs. 3 GG erlaubt und gebietet das Grundgesetz, den Gehalt einer Bestimmung im jeweiligen Sachzusammenhang auszulegen. Deshalb wird in der Literatur die Ansicht geäußert, die Treuepflicht in Art. 5 Abs. 3 GG beschränke sich darauf, die freiheitlich demokratische Grundordnung nicht anzugreifen[50]. Die Treuepflicht habe denselben Inhalt wie die Verfassungsschutzbestimmungen der Art. 9 Abs. 2 und 21 Abs. 2 GG[51]. Diese Minimalpflichtposition vermag nicht zu überzeugen. Sie widerspricht einmal dem eindeutigen Wortlaut des Grundgesetzes, der die Treuepflicht auf die gesamte Verfassung und nicht nur auf den Ausschnitt der freiheitlich demokratischen Grundordnung bezieht. Zum anderen vereinbart sich diese Pflichtenreduzierung nicht mit dem Gedanken der Treue, der weder in Art. 9 Abs. 2 noch in Art. 21 Abs. 2 GG Eingang fand. Daß die Treue zur Verfassung mehr sein muß als nur das Verbot, die freiheitliche demokratische Grundordnung zu bekämpfen und weniger als ein aktives Eintreten für den Staat, erhellen die bereits zitierten Materialien zu dieser Verfassungsnorm: Mit der Bindung an die Verfassung sollte die Verächtlichmachung der Demokratie und ihrer Einrichtungen und nicht nur die Bekämpfung der demokratischen Grundordnung vermieden werden[52].

Wenn demgegenüber geltend gemacht wird, die Lehrfreiheit sei nur verwirkt, wenn der Lehrende gegen die demokratische Grundordnung verstoße, dann ist dieses Argument für die inhaltliche Interpretation des Art. 5 Abs. 3 GG wertlos, weil Art. 5 Abs. 3 Satz 2 GG und Art. 18 GG auf der Tatbestandsseite nicht miteinander konkurrieren[53]. Man muß stets zwischen Verfassungspflichtverstößen und Sanktionen trennen, die aus bestimmten Verstößen folgen. Mit anderen Worten: Nicht jeder Verfassungsverstoß führt zur Verwirkung. Art. 18 GG ist enger

---

[50] *Walter Oskar Schmitt* DVBl. 1966, 6, 8 ff. und im Anschluß daran *Maunz-Dürig-Herzog-Scholz*, Art. 5 Rdnr. 199.

[51] Vgl. dazu m. w. N. *Karl Doehring*, Staatsrecht, S. 300.

[52] Vgl. Parlamentarischer Rat (Stenographischer Bericht) vom 6. Mai 1949, S. 176.

[53] So aber *Scholz*, in: Maunz-Dürig-Herzog-Scholz, Art. 5 Rdnr. 202.

gefaßt als Art. 5 Abs. 3 Satz 2 GG. Er will nicht alle Treueverstöße erfassen. So genügt es für die Verwirkung nicht, daß der Lehrende die Treuepflicht verletzt. Erforderlich ist vielmehr ein qualifizierter Treueverstoß, der darin besteht, daß der Adressat der in Art. 5 Abs. 3 GG normierten Pflicht die Lehrfreiheit zum Kampfe gegen die freiheitliche demokratische Grundordnung mißbraucht. Deshalb ist auch unzulässig, den Pflichtenumfang des wissenschaftlich Lehrenden über einen „Erst-recht-Schluß" aus Art. 18 GG zu argumentieren mit dem Ergebnis, Art. 5 Abs. 3 Satz 2 GG wolle die Verfassung nicht mehr als Art. 18 GG schützen[54]. Diese Begründung übersieht den besonderen Ausnahmecharakter des Art. 18 GG. Er ist, wie die Verfassungswirklichkeit deutlich vor Augen führt, eine Verfassungsschutz-Notbremse, die nichts darüber aussagt, ob nicht auch schon unterhalb der Stufe des Verfassungsmißbrauchs sanktionslose Verfassungsverstöße möglich sind.

Man wird deshalb davon ausgehen müssen, daß die Adressaten des Art. 5 Abs. 3 Satz 2 GG gehalten sind, alle Verfassungsnormen zu beachten und der Verfassung wenigstens — wenn auch kritische — Neutralität entgegenzubringen. Allein das Gebot zu neutralem Handeln entspricht dem Sinn des Art. 5 Abs. 3 GG, der den Forscher und Lehrer zur Wissenschaftlichkeit verpflichtet, die bekanntlich unter Außerachtlassung politischer Erwägungen aufgrund anerkannter Regeln zu einem Ergebnis führen muß[55]. Dabei ist die Treuepflicht nach zwei Seiten hin zu konkretisieren. Sie erfaßt tatbestandlich die konkrete Lehrveranstaltung und das Verhalten des wissenschaftlich Lehrenden außerhalb ausgeübter Lehre, weil nur so ein lückenloser Schutz der Verfassung erreichbar ist[56].

4. Art. 6 Abs. 2 GG (Pflege- und Erziehungspflicht)

Eine Verpflichtung besonderer Art findet sich in Art. 6 Abs. 2 GG. Er bezeichnet die Pflege und Erziehung der Kinder als das natürliche Recht der Eltern und die zuvörderst ihnen obliegende Pflicht. Diese Pflichtbindung unterscheidet das Elternrecht von anderen Grundrechten, weil hier Recht und Pflicht von vornherein unlöslich miteinander verbunden sind[57]. Die Pflege- und Erziehungspflicht ist, wie es das Bundesverfassungsgericht einmal formuliert hat, ein wesensbestim-

---

[54] *Walter Oskar Schmitt*, DVBl. 1966, 6 ff., 8 f. und ausdrücklich *Rainer Arnold* BayVBl. 1978, 520 f.
[55] So im Ergebnis auch *Schmidt-Bleibtreu / Klein*, Art. 5 Rdnr. 17.
[56] *Scholz*, in: Maunz-Dürig-Herzog-Scholz, Art. 5 Rdnr. 199.
[57] So auch *Schmidt-Bleibtreu / Klein*, Art. 6 Rdnr. 8; *Ursula Fehnemann*, DÖV 1978, 489 f. und *Rainer Arnold*, BayVBl. 1978, 520 f.

mender Bestandteil dieses Elternrechts, das insoweit treffender als Elternverantwortung gekennzeichnet werden kann[58].

Die Pflege- und Erziehungspflicht ist mindestens primär nicht staatsgerichtet. Die Elternverantwortung ist in erster Linie um der Kinder willen geschaffen und soll sie berechtigen[59].

Diese klassische Inhaltsbestimmung schließt freilich nicht aus, Art. 6 GG eine andere Schutzrichtung zu verleihen und ihn auch als eine den Staat berechtigende Grundpflicht der Eltern zu werten[60]. Dagegen kann man nicht einwenden, das Elternrecht sei in seiner Gesamtheit vom Staat vorgefunden worden und sei damit vorstaatlich[61]. Tatsache ist nämlich, daß der Staat die „natürliche" Pflege- und Erziehungspflicht der Eltern anerkennt und sogar unter seinen besonderen Schutz stellt (Art. 6 Abs. 1 GG)[62]. Auch eine aus den Worten „zuvörderst ihnen obliegende Pflicht" ableitbare Pflicht des Staates zur Ergänzung des Erziehungsangebotes der Eltern schließt eine Grundpflicht gegenüber dem Staat nicht aus. Ebenso wie die Eltern kann auch der Staat zugleich Berechtigter und Verpflichteter aus Art. 6 Abs. 2 GG sein.

Ferner kann man nicht argumentieren, Art. 6 Abs. 2 GG überlasse es völlig den Eltern, die Kinder nach ihren eigenen Vorstellungen zu erziehen und diese Aufgabe in totaler Eigenständigkeit und Selbstverantwortlichkeit durchzuführen[63]. Zwar nimmt der Staat im Interesse des natürlichen Erziehungsrechtes der Eltern in Kauf, daß Kinder Nachteile erleiden, die bei Einschaltung des Staates vielleicht hätten vermieden werden können[64] und die Eltern sind nach dem Grundgesetz auch nicht gehalten, die Kinder auf den Staat hin zu erziehen. Es ist aber zu berücksichtigen, daß die staatliche Gemeinschaft über die Betätigung der Pflege und Erziehung der Kinder wacht[65]. Diesem Überwachungsrecht des Staates entspricht die Pflicht der Eltern[66], alle einschlägigen Gesetze zum Schutze der Kinder und Jugendlichen zu be-

---

[58] BVerfGE 10, 59, 67, 76 ff.; 24, 119, 143. Ebenso im Anschluß daran *Hans H. Klein*, Der Staat, Band 14, 1975, S. 156 und *Walter Schmitt Glaeser* DÖV 1978, 629, 633.

[59] *Hamann / Lenz*, Einführung, S. 54.

[60] So im Ergebnis ebenfalls ohne nähere Begründung *Detlef Merten* BayVBl. 1978, 554, 557.

[61] Der vorstaatliche Charakter des Art. 6 Abs. 2 GG ist umstritten. Bejahend *Maunz-Dürig-Herzog-Scholz*, Art. 6 Rdnr. 2 und 22; *Eva Marie von Münch*, in: I. v. Münch, Art. 6 Rdnr. 1.

[62] In diesem Sinne auch *Maunz-Dürig-Herzog-Scholz*, Art. 6 Rdnr. 22; *Maunz*, Deutsches Staatsrecht, § 13 III 2; *von Mangoldt / Klein*, S. 113.

[63] Vgl. dazu BVerfGE 24, 119, 138.

[64] BVerfGE 34, 165, 184.

[65] Vgl. dazu *Ursula Fehnemann* DÖV 1978, 489 f.

[66] So wohl auch *Maunz-Dürig-Herzog-Scholz*, Art. 6 Rdnr. 32.

achten. Insofern konkretisiert Art. 6 Abs. 2 Satz 2 GG die bereits in Art. 2 Abs. 1 GG niedergelegte Gesetzesbefolgungspflicht für den Bereich der Familie.

Darüber hinaus legt Art. 6 Abs. 3 GG den Eltern die Pflicht auf, weder in der Kindererziehung zu versagen, noch die Kinder verwahrlosen zu lassen. Diese Mindesterziehungspflicht besteht auch gegenüber dem Staat, weil er im Falle einer Mißachtung dieses Pflichtenkreises berechtigt ist, das Kind gegen den Willen der Erziehungsberechtigten von der Familie zu trennen[67]. Bestände diese Pflicht ausschließlich gegenüber dem Kind, dann könnte nur es vom Staat Schutz verlangen, was aber wegen der Minderjährigkeit und dem Gedanken des Kindeswohls abzulehnen ist. Vielmehr besitzt der Staat nach dem Grundgesetz ein eigenes Recht zum Tätigwerden, dem eine Pflicht der Eltern gegenübersteht.

Schließlich stellt Art. 6 Abs. 2 Satz 1 GG — wie erwähnt — unmißverständlich fest, daß die Pflege- und Erziehungspflicht den Eltern nur „zuvörderst" obliegt. Dieser Begriff läßt erkennen, daß neben den Eltern der Staat selbst die Rolle eines Erziehungsträgers besitzt, wenn auch nicht an erster Stelle[68]. Das Elternrecht ist also nur insoweit garantiert, als nicht der Staat zum Wohle des Kindes ergänzend die Erziehung — vornehmlich im schulischen Bereich aufgrund Art. 7 GG — bestimmt. Insoweit ist in Art. 6 Abs. 2 GG die Grundpflicht enthalten, den Staat als Ergänzungserziehungsträger anzuerkennen und staatliche Erziehungsmaßnahmen in notwendigem und angemessenem Umfange zu dulden. Freilich bedarf diese Grundpflicht der Konkretisierung durch Gesetze oder Landesverfassungen. So richtet Art. 6 Abs. 2 GG beispielsweise keine Grundpflicht zum Schulbesuch auf, sie ermöglicht sie nur[69].

Als Fazit bleibt somit festzuhalten, daß Art. 6 GG für die Eltern eine Befolgungspflicht hinsichtlich der zum Schutze der Kinder und Jugend erlassenen Gesetze anordnet, die Eltern verpflichtet, in der Kindererziehung nicht zu versagen sowie den Staat als ergänzenden Erziehungsträger zu respektieren.

5. Art. 7 GG (Schulbesuchspflicht?, Pflichten der Privatschulträger)

Während bisher aus Art. 6 GG keine Schulbesuchspflicht abgeleitet wurde, wird die Ansicht im Schrifttum geäußert, Art. 7 GG fordere die Befolgung der gegenüber dem Staat zu befolgenden[70] Schulpflicht[71].

---

[67] In diesem Sinne wohl BVerfGE 24, 119, 143.
[68] BVerfGE 24, 119, 135 f.; *Eva Marie von Münch*, in: I. v. Münch, Art. 5 Rdnr. 22.
[69] BVerfGE 24, 119, 143.
[70] So zu Recht *Gerd Roellecke* DÖV 1976, 515, 517.

Die Auffassung des Bundesverfassungsgerichts hierzu ist undurchsichtig. Es führt aus, „über Beginn und Dauer der Pflicht zum Besuch der für alle gemeinsamen Schulen läßt sich aus dem Grundgesetz nichts entnehmen"[72]. Soll das heißen, wenigstens das „Ob" der Schulpflicht sei Regelungsgegenstand des Art. 7 GG?

Diese Meinung würde vom Grundgesetz nicht gedeckt[73]. Artikel 7 GG regelt zusammen mit Art. 91 b und Art. 141 GG die Zuständigkeit des Bundes auf dem Gebiete des Schulwesens erschöpfend[74], indem er allgemeine Grundsätze vor allem hinsichtlich der bekenntnismäßigen Ausgestaltung der Schulen festlegt[75] und die Einrichtung von Privatschulen gewährleistet. Die Fassung des Art. 7 GG nimmt weder ausdrücklich noch konkludent zu der Schulbesuchspflicht Stellung. An anderer Stelle wurde bereits dargelegt, daß das Grundgesetz im Unterschied zur Weimarer Verfassung das Schulwesen grundsätzlich der ausschließlichen Zuständigkeit der Länder zugewiesen hat. Dieser Kompetenzverteilung entspricht der Wortlaut des Art. 7 GG, der im Gegensatz zu Art. 148 WRV die Schulpflicht nicht expressis verbis anspricht[76]. Demnach liegt es in der Gestaltungsfreiheit der Länder, die Schulbesuchspflicht als verfassungsrechtliche Grundpflicht zu verankern[77], es sei denn, man wolle eine grundgesetzliche Schulpflicht aus dem in Art. 7 Abs. 4 Satz 3 GG fixierten Willen des Grundgesetzgebers ableiten, eine für alle gemeinsame öffentliche Grundschule einzurichten. Das Ziel dieser Bestimmung geht allerdings in eine andere Richtung. Sie will eine Sonderung der Schüler nach Besitzverhältnissen vermeiden und nur eine Bevorzugung der öffentlichen Volksschule vor der privaten Volksschule erreichen, wie Art. 7 Abs. 5 und 6 bekräftigen[78]. Auch aus dem Begriff „öffentliche Schulen" lassen sich keine Erkenntnisse für eine allgemeine Schulpflicht gewinnen. Öffentlich im Rechtssinne hat zwei Bedeutungen: dem Allgemeinwohl dienend und für jedermann zugänglich sein[79]. Eine Pflicht wohnt diesem Wort nicht unbedingt inne.

---

[71] *Maunz-Dürig-Herzog-Scholz*, Art. 2 Abs. 1 Rdnr. 21 im Gegensatz zu Art. 7 Rdnr. 5.
[72] BVerfGE 34, 165, 18.
[73] Ebenso wohl *Hans H. Klein*, Der Staat, Band 14, 1975, S. 155.
[74] BVerfGE 34, 165, 181.
[75] BVerfGE 41, 29, 44.
[76] So zu Recht auch *Detlef Merten* BayVBl. 1978, 554, 559.
[77] BVerfGE 34, 165, 181. Siehe: Art. 14 Abs. 1 BWLV, Art. 129 Abs. 1 BayLV, Art. 30 Brem.LV; Art. 56 Abs. 1 Hess.LV; Art. 8 Abs. 2 NWLV, Art. 6 Abs. 1 Schl.-H.LV.
[78] BVerfGE 34, 165, 187.
[79] *Gerd Roellecke*, Grundbegriffe des Verwaltungsrechts, Stuttgart, 1972, S. 53.

III. Grundpflichten im Abschnitt „Die Grundrechte"

Hingegen kann man aus der in Art. 7 Abs. 4 GG eingeräumten Möglichkeit, Privatschulen zu errichten und zu betreiben, bestimmte, dem Staat gegenüber bestehende, verfassungsrechtliche Pflichten der Privatschulträger ableiten. Nach dieser Vorschrift dürfen Privatschulen als Ersatz für öffentliche Schulen in ihren Lehrzielen und Einrichtungen sowie in der wissenschaftlichen Ausbildung ihrer Lehrkräfte nicht hinter der öffentlichen Schule zurückstehen. Damit werden die Privatschulen durch die Verfassung verpflichtet, in diesen Punkten den öffentlichen Schulen zu entsprechen. Adressat der Pflicht ist der Staat, weil er auf ein staatliches Schulmonopol verzichtet[80] und ihm ausschließlich die Befugnis zusteht, Privatschulen zu genehmigen.

Der Pflichtcharakter des Art. 7 Abs. 4 GG ergibt sich aus folgenden Erwägungen: Der Staat kann die Genehmigung versagen oder entziehen[81], wenn die im Grundgesetz aufgestellten Anforderungen nicht oder nicht mehr erfüllt werden. Folglich sind die Privatschulträger ständig gehalten, diesen Mindestbedingungen zu genügen. Privatschulen stehen mit der Genehmigung gleichwertig[82] neben staatlichen Schulen und erfüllen dieselben öffentlichen Bildungsaufgaben wie öffentliche Schulen[83]. Beispielsweise kann man in der Privatschule der Schulpflicht nachkommen. Die Privatschule nimmt somit einen Teil der staatlichen Erziehungsgewalt wahr. Daß die Erziehungs- und Bildungsaufgabe auch im Hinblick auf seine Einwirkung in Grundrechte von Eltern und Kinder[84] ein außerordentlich hohes schützenswertes Rechtsgut darstellt, bedarf keiner Betonung. Aus diesem Blickwinkel und der Tatsache, daß Privatschulen staatliche Subventionen zur Erfüllung ihres Erziehungsauftrages beanspruchen können[85] und in ihrer Eigenschaft als Beliehene staatsentlastend tätig werden, ist eine besondere Inpflichtnahme dieser verfassungsrechtlich garantierten Institution Privatschule im Interesse der Gleichwertigkeit des Schulsystems angemessen[86], zumal es eine ungebundene staatsfreie Schule nach dem Grundgesetz (Art. 7 Abs. 1 GG) nicht geben darf[87].

---

[80] Vgl. *Maunz-Dürig-Herzog-Scholz*, Art. 7 Rdnr. 63.
[81] BVerwGE 12, 349, 351.
[82] BVerwGE 12, 349, 351.
[83] Dazu BVerwG NJW 1966, 1236 f.
[84] Siehe z. B. schon OVG Berlin DVBl. 1966, 48.
[85] Verneinend OVG Berlin DVBl. 1966, 45 m. w. N. aus dem Schrifttum. Bejahend BVerwG NJW 1966, 1236; NJW 1968, 613, RdJB 1976, 62.
[86] In diesem Sinne wohl auch BVerwGE 12, 345, 351; wohl zu weitgehend OVG Lüneburg DVBl. 1954, 257 und *Model / Müller*, Grundgesetz, Art. 7 Erl. 3 jeweils für Privatschullehrer, die beamtenähnlichen Beschränkungen unterworfen sein sollen.
[87] BVerfGE 27, 195, 201.

6. Art. 9 Abs. 2 GG (Unterlassungspflicht für Vereine)

Nach Art. 9 Abs. 2 GG sind Vereinigungen verboten, deren Zweck oder deren Tätigkeit den Strafgesetzen zuwiderlaufen oder die sich u. a. gegen die verfassungsmäßige Ordnung richten, hier verstanden als die elementaren Grundsätze der freiheitlich-demokratischen Verfassung. Der Grundpflichtcharakter dieser Norm ist unschwer zu erkennen[88]. Diese Klausel ist staatsgerichtet, weil sie den Schutz des Staates beabsichtigt. Sie verlangt, alle vereinsmäßigen Bestrebungen zu unterlassen, die dem Strafrecht und der verfassungsmäßigen Ordnung zuwiderlaufen. Vom Tatbestand her bürdet Art. 9 Abs. 2 GG damit Vereinigungen nicht mehr Pflichten auf als Einzelpersonen nach Art. 2 Abs. 1 GG. Allerdings konkretisiert Art. 9 Abs. 2 GG die Gesetzesbefolgungspflicht für Vereinigungen, weil er mit der Konstatierung eines Verbotes zugleich Auskunft über die Rechtsfolgen gibt und so einen Eindruck von der Schwere des Verstoßes vermittelt. Denn Vereinigungen, die Art. 9 Abs. 2 GG nicht beachten, sind verfassungsunmittelbar verboten bzw. verfassungswidrig[89].

Das Pflichtmoment kommt außerdem darin zum Ausdruck, daß das Grundgesetz mit dieser und weiteren Bestimmungen Lehren aus der Zeit der Weimarer Republik ziehen will, die an der Toleranz gegenüber den Demokratiefeinden zugrundegegangen ist[90]. Art. 9 Abs. 2 GG ist deshalb ein Stück der streitbaren Demokratie, für die sich die Verfassung entschieden hat[91]. Diese Grundentscheidung bewirkt für Vereinigungen gleichzeitig eine Pflichtigkeit bezüglich ihrer Zielsetzung und Tätigkeit.

7. Art. 12 Abs. 2 GG (Dienstleistungspflichten)

Im systematischen Zusammenhang mit dem Recht der Berufsfreiheit bestimmt das Grundgesetz in Art. 12 Abs. 2 GG, daß niemand zu einer bestimmten Arbeit gezwungen werden darf, außer im Rahmen einer herkömmlichen allgemeinen, für alle gleichen öffentlichen Dienstleistungspflicht. Ob es sich bei dieser Dienstleistungspflicht um eine Grundpflicht im hier definierten Sinne handelt, ist umstritten. Soweit ersichtlich besteht Einigkeit nur darüber, daß die Dienstleistungspflicht, falls sie besteht, dem einzelnen gegenüber dem Staat und nicht im Verhältnis zu anderen Individuen obliegt. Im übrigen wird teilweise

---

[88] In diesem Sinne auch *von Mangoldt / Klein*, S. 112.

[89] Das hat zur Folge, daß die Exekutive unmittelbar einschreiten kann. BVerfGE 2, 78; 5, 392 und *Schmidt-Bleibtreu / Klein*, Art. 9 Rdnr. 10.

[90] Siehe zu diesem Gedanken *I. v. Münch*, in: I. v. Münch, Art. 21 Rdnr. 2.

[91] Vgl. zum Begriff der streitbaren Demokratie neuestens statt vieler: *Gerd Roellecke*, DÖV 1978, 457, 460 f.; *Johannes Lameyer*, Streitbare Demokratie, Berlin, 1978, passim sowie *Gotthard Jasper* DVBl. 1978, 725 ff.

III. Grundpflichten im Abschnitt „Die Grundrechte"

behauptet, die Dienstleistungspflicht sei nur eine Grundrechtsschranke[92] oder sie sei lediglich eine einfache Rechtspflicht ohne Verfassungsrang[93].

Beide Auffassungen verkennen den umfassenden Gehalt des Art. 12 Abs. 2 GG. Man kann aus ihm drei Bedeutungen gewinnen. Offenkundig enthält Art. 12 Abs. 2 GG einmal ein Grundrecht auf Freiheit vom Arbeitszwang und von Zwangsarbeit[94]. Dieser Inhalt erfährt zum anderen durch das Wort „außer" eine Einschränkung oder Ausnahme dahin, daß bestimmte Dienstleistungspflichten von dem Arbeitszwangsverbot ausgenommen werden sollen[95]. Insofern kann man durchaus der Literaturmeinung beipflichten, Art. 12 Abs. 2 GG sei eine Grundrechtsschranke. Darin erschöpft sich aber der Gehalt dieser Vorschrift nicht.

Die dritte Bedeutung dieser Grundgesetznorm besteht darin, daß sie eine verfassungsrechtliche Grundpflicht aufrichtet[96]. Für diese Betrachtungsweise kann man sich zunächst auf die historische Auslegung der Vorschrift berufen. Abs. 2 sollte zwar in erster Linie sicherstellen, daß die im nationalsozialistischen System üblich gewordenen Formen der Zwangsarbeit mit ihrer Herabwürdigung der menschlichen Persönlichkeit ausgeschlossen werden[97]. Gleichzeitig ließ der Parlamentarische Rat bei der Diskussion der Vorschrift keinen Zweifel daran, daß die gemeindlichen Hand- und Spanndienste, die Pflicht zur Deichhilfe und die Feuerwehrdienstpflicht zugelassen bleiben sollten[98]. Diese Vorstellungen haben ihren Niederschlag in der Fassung des Art. 12 Abs. 2 GG gefunden. Der Verfassungsgeber hat nicht nur den Begriff Pflicht aufgenommen, sondern er hat den Umfang der Pflicht näher umschrieben und bestimmt. Diese Klausel schränkt das Grundrecht ein und stellt gleichzeitig eine vom Grundgesetz geforderte positive Pflicht zur Erfüllung von öffentlichen Dienstleistungen auf[99]. Damit erkennt das Grundgesetz an, daß es überhaupt öffentliche Dienstleistungspflichten gibt[100] und daß die Auferlegung solcher Pflichten verfassungsrechtlich unbedenklich ist.

---

[92] Vgl. dazu *von Mangoldt / Klein*, Vorbemerkungen I, S. 112 f.
[93] *Hamann / Lenz*, Einführung, S. 54.
[94] *Maunz-Dürig-Herzog-Scholz*, Art. 12 Rdnr. 1; *Manfred Gubelt*, in: I. v. Münch, Art. 12 Rdnr. 1 und 72.
[95] *Maunz-Dürig-Herzog-Scholz*, Art. 12 Rdnr. 1 und 128.
[96] Im Ergebnis ebenso *von Mangoldt / Klein*, S. 112 und *Hans H. Klein*, Der Staat, Band 14, 1975, S. 155; *Georg Dahm*, Deutsches Recht, § 39 VI; *Detlef Merten* BayVBl. 1978, 554, 557.
[97] *Leibholz / Rinck*, Art. 12 Rdnr. 16; BVerfGE 22, 380, 383 m. w. N.
[98] Vgl. *Abraham*, in: Bonner Kommentar, Art. 12 Erl. I 2, II 5 und BVerfGE 22, 380, 383 m. w. N. Ebenso BVerwGE 2, 313 f.
[99] In diesem Sinne *Maunz-Dürig-Herzog-Scholz*, Art. 2 Rdnr. 21.
[100] So auch *Theodor Maunz*, Deutsches Staatsrecht, § 13 III 3.

Neben dieser der Rechtssicherheit dienenden Klarstellung besitzt Art. 12 Abs. 2 GG den Charakter einer Ermächtigungsnorm[101], der den Gesetzgeber berechtigt, die Dienstleistungspflicht einzuführen und zu konkretisieren[102]. Darüber hinaus trifft der Verfassungsgeber neben der Pflichtnormierung eine Grund- und Wertentscheidung hier im Sinne einer Inpflichtnahme des Bürgers für den Staat[103]. Wenn die Verfassung die Pflicht zu öffentlichen Dienstleistungen damit auch nicht unmittelbar für den Einzelfall begründet, so handelt es sich aus den genannten Gründen doch nicht lediglich um eine einfache Rechtspflicht, weil Art. 12 Abs. 2 GG die Dienstleistungspflicht überhaupt institutionell festlegt und darüber hinaus sogar Einzelheiten enthält, die vom Gesetzgeber zu beachten sind[104]. So wäre beispielsweise die Auferlegung von Hand- und Spanndiensten für die Bevölkerung nur zulässig, wenn diese Pflicht im Geltungsbereich der Norm herkömmlich ist[105]. Andere Dienstleistungspflichten — wie die Pflicht zum Dienst im Zivilschutzkorps — können deshalb nicht auf Art. 12 Abs. 2 GG gestützt werden[106]. Man kann diese Grundpflichten wegen der Erforderlichkeit einer Konkretisierung durch den Gesetzgeber als verfassungsmittelbar bezeichnen.

8. Art. 12a GG (Dienstverpflichtung in den Streitkräften usw.)

Öffentliche Dienstverpflichtungen sind außer in Art. 12 Abs. 2 GG in Art. 12a GG geregelt. Im Unterschied zu Art. 12 Abs. 2 GG benennt der im Jahre 1968 in das Grundgesetz eingefügte Art. 12a GG die im einzelnen zu erfüllenden Pflichten: Die Verpflichtung zum Dienst in den Streitkräften, im Bundesgrenzschutz bzw. in einem Zivilschutzverband und die Verpflichtung zu einem Ersatzdienst im Falle der Kriegsdienstverweigerung aus Gewissensgründen. Im Verteidigungsfalle können Wehrpflichtige — unter bestimmten Voraussetzungen auch Frauen — zu zivilen Dienstleistungen verschiedener Art herangezogen werden und zur Vorbereitung auf die zivilen Dienstleistungen kann teilweise die Teilnahme an Ausbildungsveranstaltungen zur Pflicht gemacht werden.

---

[101] Ebenso *Detlef Merten* BayVBl. 1978, 554, 557.
[102] BVerwGE 2, 313, 315 und *Maunz-Dürig-Herzog-Scholz*, Art. 12 Rdnr. 133.
[103] Vgl. dazu für Art. 132 WRV *Peters*, Die Grundrechte, S. 290 ff., 292.
[104] Vgl. Bay. VGH DÖV 1955, 258 und in diesem Sinne auch für Art. 12a GG *Martens*, Grundgesetz und Wehrverfassung, S. 123.
[105] *Giese / Schunck*, Grundgesetz, Art. 12 Erl. II 4; BVerwGE 2, 313 f.
[106] So zu Recht *K. Ipsen / I. Ipsen*, in: Bonner Kommentar, Art. 12a Rdnr. 73 ff. Erst recht läßt sich aus Art. 12 Abs. 2 GG keine Arbeitspflicht zum Erwerb des Lebensunterhaltes ableiten. So zu Recht *Detlef Merten* BayVBl. 1978, 554, 558.

III. Grundpflichten im Abschnitt „Die Grundrechte"

Mit der verfassungsrechtlichen Festlegung der in Art. 12 a GG enthaltenen Pflichten hat das Grundgesetz nicht nur eine Grundentscheidung für die militärische und zivile Verteidigung getroffen und der Funktionsfähigkeit der Bundeswehr verfassungsrechtlichen Rang eingeräumt[107]. Gleichzeitig sind die Pflichten des Art. 12 a GG Grundpflichten[108], weil Männer und teilweise Frauen kraft Verfassungsrecht gegenüber dem Staat zu dessen militärischer und ziviler Verteidigung gezwungen werden können. Zwar ordnet die Vorschrift selbst die Wehrpflicht nicht unmittelbar an. Sie ermöglicht sie aber, da sie den Gesetzgeber ermächtigt, die Dienstleistungspflicht ohne Verstoß gegen das Grundgesetz zu normieren[109]. Wenn die Wehrpflicht somit in die Grundentscheidungen der Verfassung eingebettet ist, wäre es unwahrscheinlich, wollte man ihr nur den Charakter einer einfachen Gesetzespflicht beilegen[110].

Die verfassungsrechtliche Natur der Dienstleistungspflichten des Art. 12 a GG[111] folgt vornehmlich aus dem Verhältnis zwischen Demokratie und Wehrpflicht. In den Verhandlungen des Parlamentarischen Rates ist die Wehrpflicht als „legitimes Kind der Demokratie" bezeichnet worden[112], weil sie an die freiheitlich-demokratische Tradition anknüpft und bis zum Beginn der Französischen Revolution von 1789 und die Reformzeit des 19. Jahrhunderts zurückgeht[113]. Der Wehrpflicht liegt insoweit die geschichtlich gewordene Erkenntnis zugrunde, daß das Volk den Staat und die Ausübung der Staatsgewalt legitimiert, weshalb die Pflicht zur Staatsverteidigung notwendiges selbstverständliches Korrelat zur Teilhabe an der Selbstgestaltung ist[114]. Ähnlich argumentiert das Bundesverfassungsgericht, wenn es — wie schon oben erwähnt — in seiner Entscheidung über die Verfassungsmäßigkeit der Wehrpflichtnovelle darauf hinweist, daß der Staat die Grundrechte der Bürger nur schützen kann, wenn er für die Bundesrepublik Deutschland eintritt[115].

---

[107] BVerfGE 28, 243, 261; BVerfG DVBl. 1978, 394, 395 f.
[108] So auch ohne nähere Begründung *Model / Müller*, Grundgesetz, Art. 12 a Erl. 1 und *Theodor Maunz*, Deutsches Staatsrecht, § 13 III 3; *Hans H. Klein*, Der Staat, Band 14, 1975, S. 155; *Horst Bräutigam*, Festgabe, S. 77, 81, 86 und 88.
[109] So ausdrücklich BVerfG DVBl. 1978, 395 f. und im Anschluß daran I. Ipsen ZRP 1978, 153 f.
[110] So aber *Detlef Merten* BayVBl. 1978, 554, 558.
[111] *K. Ipsen / I. Ipsen*, in: Bonner Kommentar, Art. 12 a Rdnr. 27 f.; *Wolfgang Martens*, Grundgesetz und Wehrverfassung, S. 123; BVerfGE 28, 243, 261; *Manfred Gubelt*, in: I. v. Münch, Art. 12 a Rdnr. 1.
[112] Vgl. JöR N.F. Band 1, S. 77 (Abg. Dr. Heuss).
[113] Ebenso BVerfG DVBl. 1978, 394, 396.
[114] So ausdrücklich *Wolfgang Martens*, Grundgesetz und Wehrverfassung, S. 126; *Carl Schmitt*, Verfassungslehre, S. 254.

Adressat der einzelnen Dienstverpflichtungen sind Männer und ausnahmsweise Frauen. Da die Verteidigung des Staates und seiner zentralen Werte eine ureigene Angelegenheit des Staatsvolkes und damit der Staatsbürger ist, wie das Bundesverfassungsgericht zu Recht bemerkt, verwundert es, daß Art. 12 a GG keine staatsbürgerliche Grundpflicht, sondern eine Jedermann-Grundpflicht konstituiert[116], die alle Bewohner erfaßt[117]. Diese Ausweitung ist nicht nur deshalb bedenklich, weil sie im Gegensatz zu Art. 133 der Weimarer Reichsverfassung eine Verschlechterung der Rechtsposition der Nichtstaatsangehörigen bedeutet und überhaupt im westlichen Ausland die Ausnahme darstellt[118]. Fragwürdig ist außerdem, daß bei der Einbeziehung der Ausländer in die Grundwehrpflicht unterstellt wird, er besitze im Verteidigungsfalle zum Gaststaat die gleiche innere Verbundenheit wie zu seinem Heimatland. Diese Fiktion kommt besonders deutlich in der Wendung des § 7 Soldatengesetz zum Ausdruck, der Soldat sei verpflichtet, der Bundesrepublik Deutschland treu zu dienen und die Freiheit des deutschen Volkes tapfer zu verteidigen. Abgesehen davon, daß man eine derartige Haltung von einem Ausländer nicht verlangen kann, spricht der demokratische Hintergrund gegen die Ausdehnung der Wehrpflicht. Der Ausländer legitimiert weder den Staat noch stellt der Staat den Ausländern alle Grundrechte zur Verfügung. Aus den genannten Gründen wäre deshalb eine Beschränkung der Dienstleistungspflichten des Art. 12 a GG auf Deutsche angebracht.

Vom Standpunkt einer umfassenden staatsbürgerlichen Verteidigungspflicht ist ferner die allzugroße Zurückhaltung des Grundgesetzgebers hinsichtlich einer Heranziehung von Frauen zu öffentlichen Dienstleistungspflichten kritisch zu würdigen. Selbst wenn man Verständnis dafür haben kann, daß Frauen keinen Dienst mit der Waffe leisten dürfen (Art. 12 a Abs. 4 Satz 2 GG), so ist nicht recht einleuchtend, weshalb Frauen nur im Verteidigungsfall und nur verpflichtet werden dürfen, wenn der Bedarf an zivilen Dienstleistungen im zivilen Sanitätsbereich und im Heilwesen nicht auf freiwilliger Grundlage gedeckt werden kann[119]. Hier werden die Frauen in eine traditionelle Rolle hineingedrängt, die ihnen das Grundgesetz im übrigen nicht

---

[115] BVerfG DVBl. 1978, 394, 396 m. w. N. aus der Rechtsprechung des BVerfG.

[116] a. M. entgegen dem Wortlaut und ohne nähere Begründung *K. Ipsen / I. Ipsen*, in: Bonner Kommentar, Art. 12 a Rdnr. 26 und *Theodor Maunz*, Deutsches Staatsrecht, § 13 III 3.

[117] Ebenso *Manfred Gubelt*, in: I. v. Münch, Art. 12 a Rdnr. 3.

[118] Vgl. Nachweise bei *K. Ipsen / I. Ipsen*, in: Bonner Kommentar, Art. 12 a Erl. III 3, S. 88 ff.

[119] In diesem Sinne auch *K. Ipsen / I. Ipsen*, in: Bonner Kommentar, Art. 12 a Rdnr. 356.

abverlangt und der sie in der Rechtswirklichkeit nicht unbedingt nachkommen. Diesen Hintergrund hat wohl auch das Parlament bedacht, da während der Beratungen zu Art. 12 a GG ein völliger Verzicht auf den Diensteinsatz von Frauen nicht als opportun angesehen wurde[120].

Deshalb bestehen im Hinblick darauf, daß der öffentliche Dienst in Friedenszeiten — sogar in der Bundeswehrverwaltung — Frauen beschäftigt, keine durchgreifenden verfassungsrechtlichen Bedenken, diesen Personenkreis gegebenenfalls im Verteidigungsfall zu reaktivieren. Zulässig wäre ferner, die Dienstverpflichtungen der Frauen innerhalb Art. 12 a GG zu erweitern.

Der Sache nach besteht die Grundpflicht zum Dienst in den Streitkräften nur in dem Rahmen, in dem die Bundeswehr eingesetzt werden darf. Insofern begrenzt und konkretisiert Art. 87 a Abs. 2 GG den Inhalt der Wehrpflicht, da er den Einsatz der Streitkräfte außer zur Verteidigung nur erlaubt, soweit dieses Grundgesetz es ausdrücklich zuläßt, wie z. B. im Falle der Amtshilfe nach Art. 35 Abs. 3 GG.

Der Begriff „Dienst in den Streitkräften" ist darüber hinaus restriktiv auszulegen. Damit sind nur die Streitkräfte der Bundesrepublik und nicht die der Verbündeten gemeint. Diese Interpretation folgt nicht nur aus einem systematischen Vergleich mit Art. 87 a Abs. 1 GG[121], wonach der Bund Streitkräfte aufstellt, sondern auch aus Art. 12 a Abs. 1 GG selbst, der neben den Streitkräften den Bundesgrenzschutz erwähnt. Ferner ergibt sich diese Beschränkung der Dienstleistungspflicht aus der bereits dargelegten Rechtfertigung der Wehrpflicht. Da nur der Staat die Grundrechte anerkennt und schützt und deshalb nur er von seinen Bürgern das Eintreten für den Bestand der Bundesrepublik Deutschland verlangen kann, darf die Pflicht auch nur ihm gegenüber bestehen. Art. 24 Abs. 2 GG, der dem Bund gestattet, sich zur Wahrung des Friedens einem System kollektiver Sicherheit einzuordnen, steht dem nicht entgegen. Die Beitrittsmöglichkeit zu einem kollektiven Sicherheitssystem ist im Abschnitt „Bund und Länder" normiert und berührt unmittelbar nur den Bund und nicht den Bürger.

Betrachtet man das Nebeneinander der verschiedenen in Art. 12 a Abs. 1 und 2 GG normierten Pflichten, dann gewinnt man bei der dort gewählten Formulierung leicht den Eindruck, der Wehrpflichtige besitze ein Wahlrecht dahin, ob er in den Streitkräften, im Bundesgrenzschutz oder in einem Zivilschutzverband dienen wolle. Trotz der Gleichwertigkeit der in Art. 12 a GG aufgeführten Dienste ist ein Wahlrecht des

---

[120] Vgl. dazu *Carl Otto Lenz*, Notstandsverfassung des Grundgesetzes, Kommentar, Frankfurt, 1971, S. 97.
[121] Ebenso *Manfred Gubelt*, in: I. v. Münch, Art. 12 a Rdnr. 5.

Dienstleistungspflichtigen abzulehnen. Einmal ist Art. 12 a Abs. 3 GG ins Feld zu führen, der von einer „Heranziehung" des Wehrpflichtigen zu einem Dienst nach Abs. 1 spricht. Damit wird deutlich, daß es im Ermessen der zuständigen Behörde steht, in welchen der Dienste der Wehrpflichtige verpflichtet wird. Zum anderen macht die Reihenfolge der Aufzählung der Dienstleistungspflichten sichtbar, daß die Wehrpflicht in erster Linie in den Streitkräften zu erfüllen ist.

Diese Deutung wird schließlich durch den Gedanken gestützt, daß der Bundesgrenzschutz im Verhältnis zu den Streitkräften nur einen geringen Personal- und Ersatzbedarf besitzt, der durch Wehrpflichtige ausgefüllt wird[122]. Insbesondere scheidet eine Wahlmöglichkeit zwischen dem Dienst in den Streitkräften und dem Ersatzdienst nach Art. 12 a Abs. 2 GG aus. Der Gebrauch der Worte „Ersatz"dienst und „Ersatz"dienstpflicht zeigen, daß dieser Dienst nur an die Stelle des rechtmäßig verweigerten Dienstes treten und keine Alternative eröffnen soll[123]. Allein diese Auslegung entspricht der in Art. 12 a, 73 Nr. 1 und 87 b GG getroffenen Entscheidung zur militärischen Verteidigung des Staates.

Außer der Pflicht zur Leistung des Dienstes in den Streitkräften oder in anderen Bereichen, legt das Grundgesetz den Wehrpflichtigen keine weitere Grundpflicht auf. Zwar gestattet Art. 17 a GG auch zusätzliche Grundrechtseinschränkungen in Wehr- und Ersatzdienstgesetzen, weshalb von der Grundpflichtigkeit dieser Bestimmung gesprochen wird[124]. Der Verfassungstext bewegt sich indes mit der Wendung, daß Grundrechte eingeschränkt werden können, ganz auf der sprachlichen Ebene der Grundrechte, die mit Art. 17 a GG begrenzt werden sollen. Wenn sich aber der Verfassungsgeber in Art. 17 a GG desselben Vokabulars bedient, das er bei den einschränkenden Grundrechten benutzt, dann läßt sich daraus nur die Funktion einer lex specialis Norm gegenüber Art. 5, 8 und 17 GG[125] nicht aber ein aliud oder ein mehr ableiten.

Die Entstehungsgeschichte bestätigt zum anderen dieses Ergebnis. Ursprünglich war nämlich eine Bestimmung vorgesehen, wonach die Wehrpflicht eingeführt und vorgesehen werden sollte, daß für An-

---

[122] So *K. Ipsen / I. Ipsen*, in: Bonner Kommentar, Art. 12 a Rdnr. 58. Zu Recht betont *Klaus Stern*, Staatsrecht, § 8 III 2, daß hinsichtlich der staatsbürgerlichen Pflichten eine völlige Gleichbehandlung der Ausländer aus Gründen der Personalhoheit des fremden Staates verboten ist. Dieser Gedanke dürfte auch für die Wehrpflicht zutreffen.
[123] BVerfG DVBl. 1978, 394, 397 und *I. Ipsen* ZRP 1978, 153 f.
[124] So *Maunz-Dürig-Herzog-Scholz*, Art. 2 Rdnr. 21.
[125] *Giese / Schunck*, Grundgesetz, Art. 17 a Erl. II 8; *Reinhard Rauball*, in: I. v. Münch, Art. 17 a Rdnr. 15.

III. Grundpflichten im Abschnitt „Die Grundrechte"

gehörige einzelne Grundrechte einzuschränken sind[126]. Die nunmehr erfolgte Aufspaltung der rechtssystematisch zusammengehörenden weil sich ergänzenden Vorschriften[127] ändert den verschiedenartigen Bedeutungsgehalt von Wehrpflicht und im Wehrverhältnis zulässigen Einschränkungen nicht.

9. Art. 14 Abs. 2 und 3 GG (Verpflichtung des Eigentums)

Eine weitere Grundpflicht[128] könnte dem Grundrecht auf Eigentum nach Art. 14 Abs. 2 GG gegenüberstehen. Er lautet: „Eigentum verpflichtet. Sein Gebrauch soll zugleich dem Wohle der Allgemeinheit dienen."

Zweifel an der Rechtsnatur einer Grundpflicht werden bei diesen Bestimmungen aus mehreren Richtungen angemeldet. Zunächst wird geltend gemacht, Art. 14 Abs. 2 GG sei nur eine Eigentumsschranke und besitze nicht den Rang einer Grundpflicht[129]. Diese These ist weder sprachlich noch systematisch belegbar. Das Grundgesetz unterscheidet an mehreren Stellen deutlich zwischen Schranken bzw. Beschränkungen einerseits und Pflichten andererseits. Wenn in Art. 14 Abs. 2 GG der Ausdruck Pflicht anstatt Schranke verwendet wurde, dann verbietet sich eine Gleichsetzung von Einschränkung und Sozialbindung[130]. Der Verfassungsgeber hat die Schranken des Eigentums in Art. 14 Abs. 1 Satz 2 GG umrissen und die Konkretisierung dem Gesetzgeber überantwortet. Hätte das Grundgesetz auch in Abs. 2 nur eine Einschränkung der Eigentumsrechte gemeint, dann hätte es dieser Klausel nicht mehr bedurft, weil die Beschränkung des „Inhalts" des Eigentums bereits in Art. 14 Abs. 1 GG angesprochen wird.

Aus diesem Grunde ist auch die Ansicht zweifelhaft, der Regelungsvorbehalt des Art. 14 Abs. 1 und 2 GG bilde grundsätzlich eine Einheit, wobei Art. 14 Abs. 2 GG die inhaltliche Seite normiere[131]. Vielmehr ist mit Kimminich anzunehmen, daß die Konkretisierung der in Art. 14 Abs. 2 GG normierten Sozialbindung des Eigentums etwas anderes als

---

[126] K. Ipsen / I. Ipsen, in: Bonner Kommentar, Art. 17 a Erl. I.

[127] So ist wohl auch der Hinweis zu verstehen, verfassungssystematisch sei die Einordnung unverständlich: Reinhard Rauball, in: I. v. Münch, Art. 17 a Rdnr. 1.

[128] So ausdrücklich ohne nähere Begründung Giese / Schunck, Grundgesetz, Art. 14 Erl. II 5.

[129] In diesem Sinne etwa Hamann / Lenz, Einführung, S. 54 und Detlef Merten BayVBl. 1978, 554, 558 m. w. N.

[130] In diesem Sinne unterscheiden auch Maunz-Dürig-Herzog-Scholz, Art. 14 Rdnr. 31; Kimminich, in: Bonner Kommentar, Art. 14 Rdnr. 29 und 34. Differenzierend Detlev Chr. Dicke, in: I. v. Münch, Art. 14 Rdnr. 36.

[131] So Detlev Chr. Dicke, in: I. v. Münch, Art. 14 Rdnr. 36.

die Inhalts- und Schrankenbestimmung gemäß Art. 14 Abs. 1 GG ist[132]. Dies kann man damit erklären, daß Art. 14 Abs. 1 und 2 GG verschiedene, das Eigentum begrenzende, Regelungsgehalte zugrundeliegen, die über den Charakter einer Regelungsermächtigung und Interpretationshilfe für den Gesetzgeber hinausgehen.

Art. 14 GG berechtigt nicht nur zur Festlegung des Inhalts und der Schranken des Eigentums durch Gesetz, sondern er stellt zugleich in Abs. 2 die Pflichten dieses vom Gesetzgeber schon inhaltlich beschränkten Eigentums heraus, wobei eine Pflicht, eine Enteignung unter den in Art. 14 Abs. 3 GG aufgeführten Voraussetzungen zu dulden[133], expressiv verbis niedergelegt ist[134]. Über die Duldungspflichten des Abs. 1, z. B. in Form von Geldleistungspflichten, Indienstnahmen für den Staat[135], Erdölbevorratungspflichten, Vorrats- und Steuereinzugspflichten[136], und Abs. 3 hinaus, kann das Eigentum nach Abs. 2 zu einem positiven Tun verpflichten. So kann die verfassungsrechtliche Forderung einer am Gemeinwohl ausgerichteten Nutzung des Privateigentums das Gebot umfassen, auf die Belange derjenigen Mitbürger Rücksicht zu nehmen, die auf die Nutzung bestimmter Eigentumsgegenstände — wie z. B. Mietwohnräume — angewiesen sind[137]. Allerdings fehlt es insoweit an der Staatsbezogenheit der Pflicht. Sie ist gegeben, wenn Art. 14 Abs. 2 GG ergänzend zu den persönlichen Dienstleistungspflichten der Art. 12 und 12 a GG verfassungsunmittelbar sachliche Leistungspflichten zugunsten des Staates in Katastrophenfällen begründet.

Dem wird entgegengehalten, die Pflichtigkeit des Eigentums sei vorstaatlichen Ursprungs, weshalb die Qualifizierung als Grundpflicht entfalle. Da das Vorhandensein von Eigentum unbestreitbar nicht von der Existenz eines Staatsgebildes abhängig ist, bestehen keine Bedenken gegen eine vorstaatliche Sozialpflichtigkeit des Eigentums. Das Grundgesetz hat freilich die natürliche Pflichtigkeit des Eigentums anerkannt und den Umfang des staatlichen Eigentumsschutzes be-

---

[132] Vgl. *Kimminich*, in: Bonner Kommentar, Art. 14 Rdnr. 99 und 104 und *Peter Saladin*, VVDStRL 35, 7, 19 Fn. 34 daselbst. Er beklagt zu Recht, daß in der überreichen Literatur zu Art. 14 GG die Frage der Abgrenzung zwischen Sozialbindung und Enteignung durchaus der Frage nach dem Inhalt der Sozialbindung, nach dem Gegenstand der Eigentümerverpflichtung vorangestellt sei.

[133] BVerfG NJW 1977, 1961.

[134] So auch *Detlev Chr. Dicke*, in: I. v. Münch, Art. 14 Rdnr. 56.

[135] *Maunz-Dürig-Herzog-Scholz*, Art. 14 Rdnr. 46 ff., 66 und Art. 2 Rdnr. 21.

[136] BVerfGE 30, 292; BVerfGE 22, 380, 386.

[137] BVerfGE 38, 347, 370 f. Teilweise wird aus Art. 14 Abs. 2 GG auch eine Unterlassungspflicht abgeleitet: So *Kimminich*, in: Bonner Kommentar, Art. 14 Rdnr. 106.

III. Grundpflichten im Abschnitt „Die Grundrechte"

stimmt[138], indem es in Abs. 1 Satz 2 und in Abs. 3 erhebliche Einschränkungen des Eigentumsrechtes vorsieht[139]. Besonders klar tritt die staatliche Anerkennung des Eigentums in Art. 60 RP LV hervor: „Das Eigentum ist ein Naturrecht und wird vom Staat gewährleistet." Aus dieser Sicht sind die Pflichten aus dem Eigentum auch staatlich angeordnete Verfassungspflichten.

Demnach wäre die Eigentumsverpflichtung eine Grundpflicht, wenn es sich dabei nicht nur um eine durch den Gesetzgeber näher bestimmbare Verpflichtung gegenüber anderen Individuen[140], sondern mindestens auch um eine Pflicht gegenüber dem Staat handeln würde. Daß verfassungsrechtliche Eigentumspflichten auch gegenüber dem Staat bestehen können, folgt sowohl aus dem Grundsatz der Gemeinwohlbindung als auch aus der Zulässigkeit der Enteignung, die Ausfluß der Pflichtigkeit des Eigentums ist und in aller Regel zugunsten des Staates erfolgt. Auch in diesem Punkt ist die rheinland-pfälzische Landesverfassung eindeutiger als das Grundgesetz gefaßt. Dort heißt es in Art. 60 Abs. 2: „Eigentum verpflichtet gegenüber dem Volk." Es bestehen keine Zweifel, diese Deutung auch auf das Grundgesetz zu übertragen.

von Mangoldt / Klein gehen zwar einerseits davon aus, Art. 14 Abs. 2 GG lege die Sozialpflichtigkeit des Eigentums als unmittelbare Pflicht fest[141]. Andererseits sehen sie diese Pflicht nur als sittliche Verpflichtung und als Programmsatz sowie Auslegungsregel an. Diese Interpretation erinnert an die von Bielenberg geführte Klage, der monierte: „Mit der Pflichtigkeit nach Art. 14 Abs. 2 GG konnte man indessen anscheinend nichts Rechtes anfangen, jedenfalls sind kaum wirkliche Handlungspflichten aus dieser Vorschrift hergeleitet worden[142]." Dem ist freilich entgegenzuhalten, daß sich das Kapitel Grundrechte im Grundgesetz — wie Art. 1 Abs. 3 GG beweist — nicht mit Programmsätzen begnügt, sondern unmittelbar geltendes Recht enthält[143]. Außerdem erzeugt Art. 14 Abs. 2 GG für den Eigentümer unmittelbare verfassungsrechtliche Pflichten, während sich Art. 14 Abs. 1 Satz 2 GG nur an den Gesetzgeber wendet und eine Ermächtigungsgrundlage zur Auferlegung von Eigentümerpflichten darstellt[144].

---

[138] So auch *Theodor Maunz*, Deutsches Staatsrecht, § 13 III 2. a. M. ohne nähere Begründung *von Mangoldt / Klein*, S. 113.
[139] Ebenso *Maunz-Dürig-Herzog-Scholz*, Art. 14 Rdnr. 6.
[140] So *Hamann / Lenz*, Einführung, S. 54.
[141] *von Mangoldt / Klein*, S. 112 f. und S. 414 f. und S. 434.
[142] DVBl. 1971, 442.
[143] So auch *Kimminich*, in: Bonner Kommentar, Art. 14 Rdnr. 105 und *Maunz-Dürig-Herzog-Scholz*, Art. 14 Rdnr. 2; *Karl Brinkmann*, Grundrechts-Kommentar, Art. 14 Erl. I 3 c.

Abschließend sei noch auf eine Besonderheit der Eigentümerpflichten hingewiesen. Grundpflichten sind in der Regel höchstpersönlich zu erbringen. Das gilt insbesondere für die öffentlichen Dienstleistungspflichten wie z. B. der Wehrpflicht. Betrachtet man den Wortlaut des Art. 14 Abs. 2 und 3 GG genauer, dann stellt man fest, daß die Pflichtigkeit nicht an die Person, sondern an die Sache anknüpft. Der Satz „Eigentum verpflichtet" ist daher eine Grundpflicht mit dinglichem Charakter und allen daraus sich ergebenden Folgerungen, allen voran der Vererblichkeit. Art. 14 Abs. 1 GG bekräftigt diesen Schluß, wenn er im Zusammenhang mit dem Eigentum das Erbrecht garantiert und konkretisiert.

10. Art. 15 GG (Überführung in Gemeineigentum)

Den gleichen Charakter besitzt neben Art. 14 auch Art. 15 GG. Im Schrifttum besteht weitgehend Einigkeit darüber, daß die Überführung von Grund und Boden usw. in Gemeineigentum gegen Entschädigung zwar als Art. 15 im Grundrechtsteil des Grundgesetzes steht, aber kein Grundrecht ist[145]. Dennoch braucht diese Norm nicht den Eindruck einer strukturfremden Isoliertheit zu hinterlassen, wie Hans Peter Ipsen es ausdrückt[146]. Der fehlende Grundrechtscharakter und die in Art. 15 GG enthaltene Ermächtigung zur Sozialisierung[147] weisen eher auf eine Grundpflicht hin, vor allem wenn man berücksichtigt, daß die sozialisierungsfähigen Gegenstände in Gemeineigentum und damit grundsätzlich in Staatseigentum[148] überführt werden und die Vorschrift die Gemeinschaftspflichtigkeit von Grund und Boden usw. andeutet[149]. Die Rechtsnatur des Art. 15 GG als Grundpflicht folgt vor allem aus der Tatsache, daß die Sozialisierung entgegen einer weit verbreiteten Ansicht[150] einen Sonderfall der Enteignung darstellt[151].

---

[144] In diesem Sinne auch *Kimminich*, in: Bonner Kommentar, Art. 14 Rdnr. 114 und 116.
[145] *Maunz-Dürig-Herzog-Scholz*, Art. 15 Rdnr. 3; *Kimminich*, in: Bonner Kommentar, Art. 15 Rdnr. 24.
[146] *Hans Peter Ipsen* VVDStRL Heft 10, S. 100.
[147] BVerfGE 12, 354, 363 f.; *Giese / Schunck*, Grundgesetz, Art. 15 Erl. II 1.
[148] *Giese / Schunck*, Grundgesetz, Art. 15 Erl. II 4; *Maunz-Dürig-Herzog-Scholz*, Art. 15 Rdnr. 21.
[149] So *Konrad Hesse*, Grundzüge des Verfassungsrechts der Bundesrepublik Deutschland, § 9 II Fn. 5 daselbst.
[150] *Kimminich*, in: Bonner Kommentar, Art. 15 Rdnr. 15; *Maunz-Dürig-Herzog-Scholz*, Art. 15 Rdnr. 5.
[151] *Giese / Schunck*, Grundgesetz, Art. 15 Erl. II 3; *Detlev Chr. Dicke*, in: I. v. Münch, Art. 15 Rdnr. 27.

11. Art. 18 GG (Verpflichtung, bestimmte Grundrechte nicht zu mißbrauchen)

Die in Art. 18 GG normierte Verwirkung von bestimmten Grundrechten befaßt sich primär mit den formellen und materiellen Rechtsfolgen, die sich aus einem Mißbrauch der dort angeführten Grundrechte ergeben. Förmlich legt Art. 18 die ausschließliche Zuständigkeit des Bundesverfassungsgerichtes fest und materiell wirkt der Ausspruch der Verwirkung gegen einzelne Personen. Würde man sich auf diese Inhaltsbestimmung beschränken, dann wäre die Charakterisierung des Art. 18 GG als Grundpflicht zu verneinen. Dabei wurde jedoch übersehen, daß Art. 18 GG eine Staatsschutzbestimmung ist, die schon materiell u. a. verbietet, das Grundrecht der Meinungsfreiheit zu mißbrauchen. Denn die Verwirkung ist nur eine Folge des Mißbrauchs. Insofern verlangt Art. 18 GG eine Art Minimaltreue mit dem Inhalt, die erwähnten Grundrechte nicht zum Kampfe gegen die demokratische Grundordnung einzusetzen[152]. Dabei handelt es sich um eine gegen den Staat gerichtete Unterlassungspflicht, welche teilweise die schon in Art. 2 Abs. 1 GG genannte Pflicht zur Befolgung der Verfassung sowie die den Art. 5 Abs. 3, 9 Abs. 2 und 14 Abs. 2 GG innewohnenden Grundpflichten in einer bestimmten Richtung näher konkretisieren. Teilweise kommt Art. 18 GG deshalb eine eigenständige Bedeutung als Grundpflicht zu, als er etwas verlangt, was z. B. über die in Art. 5 Abs. 1 und Art. 8 GG aufgestellten Schranken hinausreicht.

12. Art. 20 Abs. 4 GG (Pflicht zum Widerstand?)

Eine Verfassungsschutzbestimmung ist auch in Art. 20 Abs. 4 GG normiert. Danach haben alle Deutschen — falls andere Abhilfe nicht möglich ist — das Recht zum Widerstand gegen jeden, der es unternimmt, die demokratische Grundordnung zu beseitigen. Ist aus diesem Widerstandsrecht auch eine zugunsten des Staates bestehende Grundpflicht zur Verteidigung der demokratischen Grundordnung ableitbar?

Immerhin ließe sich eine Grundpflicht aus dem an mehreren Stellen des Grundgesetzes enthaltenen Bekenntnis zur „streitbaren Demokratie" argumentieren[153]. Im Zusammenhang mit diesem Stichwort hat das Bundesverfassungsgericht unter ausdrücklicher Nennung der Art. 9 Abs. 2, 18, 20 Abs. 4 und 21 Abs. 2 GG nämlich ausgeführt, die Bundesrepublik Deutschland sei eine Demokratie, die von ihren Bürgern eine Verteidigung der freiheitlichen Ordnung erwarte[154]. Allerdings hat das Gericht dieses Postulat nicht konkretisiert und bislang zu Art. 20 Abs. 4 GG selbst keine Stellung bezogen.

---
[152] So wohl auch *von Mangoldt / Klein*, S. 112.
[153] Vgl. dazu *Theodor Maunz*, Deutsches Staatsrecht, § 13 III 3.
[154] BVerfGE 28, 36, 48 f.

Im Ergebnis wird man eine Grundpflicht zum Widerstand aus mehreren Überlegungen ablehnen müssen. Zunächst ist festzuhalten, daß dem Staatsbürgerrecht auf Widerstand nach dem Aufbau des Grundrechtsteils des Grundgesetzes nicht notwendig eine Pflicht zur Staatsverteidigung gegenüberstehen muß. Interpretiert man die Vorschrift nach grammatikalischen Gesichtspunkten, dann wird man vergebens nach pflichtbegründenden Anhaltspunkten suchen. Eher spricht die in Art. 20 Abs. 4 GG angesprochene Subsidiarität des Widerstandsrechts gegen eine Widerstandspflicht. Wenn die Verteidigung der Grundordnung nach dem Grundgesetz im Normalfall eine Angelegenheit des Staates und seiner Organe und nicht primär Aufgabe der Staatsbürger sein soll, dann ist nicht einzusehen, weshalb dann gleichzeitig eine unmittelbare Bürgerpflicht bestehen soll.

Weiter gebieten systematische Erwägungen eine zurückhaltende Interpretation bezüglich eines Pflichtcharakters des Art. 20 Abs. 4 GG. Aus dem Grundgesetz kann man die Tendenz ablesen, daß sich der Bürger allgemein nicht unbedingt aktiv für seinen Staat einsetzen muß. Vielmehr gestattet ihm die Verfassung, sich gegenüber der Staatsform Demokratie neutral zu verhalten. Das Grundgesetz legt dem Staatsbürger in aller Regel — wie z. B. in Art. 9 Abs. 2, 18, 21 Abs. 2 GG — nur die Pflicht auf, alles zu unterlassen, was diesen Staat in seinem Bestand gefährdet. Angesichts dieser Leitlinie wäre es systemfremd, Art. 20 Abs. 4 GG gegensätzlich zu deuten.

Entscheidend dürfte ferner sein, daß das Grundgesetz im Gegensatz zur hessischen und bremischen Landesverfassung (Art. 146 f. bzw. Art. 19) keine Klausel mit dem Inhalt aufgenommen hat, es sei die Pflicht eines jeden, für den Bestand der Verfassung einzutreten oder daß der Widerstand gegen verfassungswidrig ausgeübte öffentliche Gewalt jedermanns Recht und Pflicht sei[155]. Da der Inhalt dieser Vorschriften bei der Einführung des Widerstandsrechts in das Grundgesetz bekannt war, ist davon auszugehen, daß eine Widerstandspflicht bewußt nicht festgelegt werden sollte[156]. Das schließt freilich nicht aus, daß im äußersten Notfall, das dem Bürger eingeräumte Ermessen, Widerstand zu leisten, sich zu einer Pflicht verdichten kann, dem Bürger also im Interesse der Staatserhaltung keine andere Möglichkeit als die des Widerstandes bleibt[157].

---

[155] Ebenso *Maunz-Dürig-Herzog-Scholz*, Art. 20 Rdnr. 274.

[156] Nach der Auffassung von *Georg Dahm*, Deutsches Recht, § 39 Fußnote 21 daselbst wäre eine so weitgehende Pflicht mit den Freiheitsrechten des Grundgesetzes nicht in Einklang zu brigen gewesen.

[157] Siehe zum Ermessen beim Widerstandsrecht *Maunz-Dürig-Herzog-Scholz*, Art. 20 Rdnr. 274.

IV. Grundpflichten im Abschnitt „Der Bund und die Länder"

1. Art. 21 Abs. 2 GG (Unterlassungspflicht für Parteien)

Neben den Verfassungsschutzbestimmungen der Art. 18 und 20 Abs. 4 GG schreibt Art. 21 Abs. 2 GG vor, daß Parteien, welche darauf ausgehen, u. a. die freiheitlich demokratische Grundordnung zu beeinträchtigen oder zu beseitigen, verfassungswidrig sind. Diese Vorschrift ähnelt auf der Rechtsfolgeseite Art. 9 Abs. 2 GG, der Vereinigungen verbietet, die sich gegen die verfassungsmäßige Ordnung richten.

Art. 21 Abs. 2 GG ist für Parteivereinigungen Spezialvorschrift[158] und privilegiert sie[159], indem er die Feststellung der Verfassungswidrigkeit beim Bundesverfassungsgericht monopolisiert. Inhaltlich gleichen sich jedoch die Vorschriften weitgehend. Es sind Staatsschutzbestimmungen[160], die verlangen, alles zu unterlassen, was sich gegen die demokratische Grundordnung richtet und was den Bestand der Bundesrepublik gefährdet. Aus diesen Gründen kann man nicht umhin, auch Art. 21 Abs. 2 GG die Bedeutung einer Grundpflicht beizulegen[161]. Der sachliche Unterschied zu Art. 9 Abs. 2 GG besteht darin, daß die Unterlassungspflicht erst in dem Zeitpunkt beginnt, in dem die Verfassungswidrigkeit der Partei festgestellt wird. Da Ziel der Norm ist, die Parteien bis zu diesem Zeitpunkt in ihrer politischen Aktivität vor jeder Behinderung zu bewahren, genießen sie vorher auch dann Schutz, wenn sie sich gegenüber der freiheitlich demokratischen Grundordnung feindlich verhalten[162]. Diese allein den Parteien eingeräumte umfassende Privilegierung nimmt das Grundgesetz um der politischen Freiheit willen in Kauf[163] mit der Folge, daß die beschriebene Unterlassungspflicht erst nach einem Parteiverbot besteht.

2. Art. 25 GG (Völkerrechtliche Grundpflichten)

Eine ganz andere Zielrichtung als Art. 18 und 21 GG verfolgt Art. 25 Satz 1 GG. Er erklärt die allgemeinen Regeln des Völkerrechts zum Bestandteil des Bundesrechts. Nach Satz 2 gehen diese Regeln den Gesetzen vor und erzeugen Rechte und Pflichten unmittelbar für die Bewohner des Bundesgebietes. Mit dieser Vorschrift hat der Grundgesetzgeber unbeschadet der Stellung dieser Norm im Abschnitt „Der Bund und die Länder" zu erkennen gegeben, daß die Bewohner ver-

---

[158] *Model / Müller*, Grundgesetz, Art. 20 Erl. 7.
[159] BVerfG NJW 1978, 1043, 1044.
[160] *Model / Müller*, Grundgesetz, Art. 20 Erl. 7.
[161] So ausdrücklich *von Mangoldt / Klein*, S. 112.
[162] Kritisch dazu *Walter Schmidt* DÖV 1978, 468.
[163] Vgl. BVerfG NJW 1978, 1043, 1044. Kritisch dazu *Walter Schmidt* DÖV 1978, 468, der das Parteienprivileg einengen möchte.

fassungsunmittelbar an allgemeine Regeln des Völkerrechts gebunden sein sollen[164], die rangmäßig über den Gesetzen stehen, ohne Verfassungsrang zu besitzen[165]. Trotz dieser Zwischenstellung darf man hier von Grundpflichten sprechen, weil die Verfassung selbst ihre Befolgung vorschreibt.

Um Grundpflichten im hier verstandenen Sinne kann es sich allerdings nur bei jenen Regeln des Völkerrechts handeln, die von den Bewohnern primär gegenüber ihrem Staat zu erfüllen sind. Hier gilt die Besonderheit, daß der Staat nicht stets und unmittelbar Berechtigter ist, da die allgemeinen Regeln im Interesse der Völkerrechtssubjekte also meistens anderer Staaten erlassen sind. Allerdings schreibt der Staat die Befolgung dieser Regeln ausdrücklich als Pflicht in Art. 25 Satz 2 GG auch ihm gegenüber vor, weil er die Pflichterfüllung anordnet und allein er gegenüber anderen Völkerrechtssubjekten die Garantie für die Pflichterfüllung übernehmen kann.

Kontrovers ist, ob die sich danach aus Art. 25 Satz 2 GG ergebenden Grundpflichten konstitutiven oder im Verhältnis zu Satz 1 lediglich deklaratorischen Charakter besitzen[166]. In der Literatur wird vertreten, allgemeine Regeln des Völkerrechts wendeten sich üblicherweise an staatliche Organe und nicht an Privatpersonen. Die ihrer völkerrechtlichen Herkunft nach staatsgerichteten Normen könnten den einzelnen erst verpflichten, wenn er durch eine zusätzliche Anordnung des Verfassungsgesetzgebers in den Kreis der Normadressaten aufgenommen worden sei[167]. Dazu ist zu bemerken, daß es sich z. B. sowohl bei der Pflicht der privaten Schiffahrt, bei Durchqueren des Küstenmeeres den Uferstaat nicht zu gefährden als auch bei der Pflicht der Lufthansa, die Lufthoheit fremder Staaten zu respektieren, durchaus um Pflichten handelt, die sich nicht an einen Staat, sondern an Individuen richten[168]. Weiter ist festzuhalten, daß die allgemeine völkerrechtliche Regel, wonach bei Internationalen Gerichtshöfen ein Kläger nicht zugleich Richter sein kann, schwerlich Rechte und Pflichten für Einzelpersonen zu erzeugen vermag[169]. Diese Regeln will Art. 25 Satz 2 GG wohl gar nicht erfassen, weil es keinen rechten Sinn ergäbe, ihre Befolgung auf

---

[164] Vgl. dazu *F. Berber*, Lehrbuch des Völkerrechts, Band 1, S. 110 ff. *Klaus Stern*, Staatsrecht, § 14 II 2, begründet dies damit, daß das Völkerrecht in der Regel das Individuum als Rechtssubjekt nicht kenne.
[165] Vgl. *Klaus Stern*, Staatsrecht, § 14 II 8; *Schmidt-Bleibtreu / Klein*, Art. 25 Rdnr. 6.
[166] So BVerfGE 15, 25, 33 f. und im Anschluß daran BVerwGE 37, 116, 126; *von Mangoldt / Klein*, Art. 25 Anm. VI 1.
[167] *Ondolf Rojahn*, in: I. v. Münch, Art. 25 Rdnr. 29.
[168] Vgl. dazu näher *Ondolf Rojahn*, in: I. v. Münch, Art. 25 Rdnr. 29 und allgemein *Klaus Stern*, Staatsrecht, § 14 II 7.
[169] Beispiel aus *Maunz-Dürig-Herzog-Scholz*, Art. 25 Rdnr. 21.

IV. Grundpflichten im Abschnitt „Der Bund und die Länder"

alle Bewohner zu erstrecken. Eher wird man davon ausgehen müssen, daß sich Satz 2 inhaltlich von vornherein nur auf Regeln reduziert, welche Einzelpersonen auch faktisch und rechtlich betreffen können[170].

Insoweit wird Satz 2 damit gerechtfertigt, daß die Regeln, welche sich ihrem Inhalt nach an Privatpersonen wenden, im innerdeutschen Rechtskreis auch diese Richtung erhalten sollen und ihr materieller Gehalt im Sinne der Erfüllung ihres Zwecks nicht verändert wird[171]. Aufgrund dieser Anordnung sei es unmöglich, daß sich der Bewohner darauf berufe, es handle sich ihm gegenüber nur um Reflexe[172]. Diese Ansicht überzeugt aus systematischen Gründen nicht. Sieht man — wie das Grundgesetz — die allgemeinen Regeln des Völkerrechts als Bundesrecht an, dann heißt dies, daß diese Regeln eine staatliche Rechtsquelle und damit Teil der auch für Einwohner verbindlichen verfassungsmäßigen Ordnung sind[173]. Daher können sich die Einwohner schon wegen Art. 25 Satz 1 i. V. m. Art. 2 Abs. 1 GG nicht auf einen bloßen Reflexcharakter des allgemeinen Völkerrechts berufen.

3. Art. 26 Abs. 1 GG (Pflicht, Störungen des friedlichen Zusammenlebens zu unterlassen)

Im Abschnitt „Der Bund und die Länder" könnte ferner in Art. 26 Abs. 1 GG eine Grundpflicht enthalten sein. Er schreibt vor, daß Handlungen, die geeignet sind und in der Absicht vorgenommen werden, das friedliche Zusammenleben der Völker zu stören, verfassungswidrig und unter Strafe zu stellen sind.

Wegen des Standortes der Bestimmung im Grundgesetz bestehen zunächst Unklarheiten hinsichtlich des Adressatenkreises. Denn Art. 26 Abs. 1 GG gibt selbst unmittelbar keine Auskunft darüber, ob das Gebot zur Friedenssicherung zugunsten von Völkerrechtssubjekten sowie des Staates besteht und ob es sich auch auf Privatpersonen bezieht.

Bedenken, die in Art. 26 Abs. 1 GG aufgestellte Pflicht bestände nur gegenüber Völkerrechtssubjekten und nicht im Verhältnis zum Staat, sind unbegründet. Denn diese Klausel erhebt das friedliche Zusammenleben zum innerstaatlichen Rechtsgut[174], indem der Staat selbst die Befolgung dieser Pflicht anordnet und deren Verletzung als verfas-

---
[170] So *Hamann / Lenz*, Art. 25 Erl. B 1; *von Mangoldt / Klein*, Art. 25; *Schmidt-Bleibtreu / Klein*, Art. 25 Rdnr. 6 Anm. III 2, S. 676 und *Klaus Stern*, Staatsrecht, § 14 II 7.
[171] In diesem Sinne *Karl Doehring*, Die allgemeinen Regeln des völkerrechtlichen Fremdenrechts und des deutschen Verfassungsrechts, Köln. 1963, S. 156 f.
[172] So *Maunz-Dürig-Herzog-Scholz*, Art. 25 Rdnr. 21.
[173] So ausdrücklich *Ondolf Rojahn*, in: I. v. Münch, Art. 25 Rdnr. 35.
[174] *Karl Hernekamp*, in: I. v. Münch, Art. 26 Rdnr. 1.

sungswidrig ansieht sowie nach §§ 80, 80 a StGB unter Strafe stellt. Da mit Art. 26 Abs. 1 GG ferner das staatliche Interesse an gutnachbarlichem Verhalten geschützt werden soll[175], darf man dieser Norm nicht lediglich oder in erster Linie programmatische bzw. bekenntnismäßige Bedeutung beimessen[176], zumal das Grundgesetz generell vom Ordnungsdenken beherrscht ist[177].

Maunz glaubt indes, unmittelbar von rechtlicher Bedeutung sei die Verfassungswidrigkeit einer Handlung wohl nur für Staatsorgane[178]. Diese Auffassung findet in Art. 26 Abs. 1 GG keine Stütze. Die Fassung läßt eher den Schluß zu, daß die Friedenssicherung nicht nur eine Aufgabe von Bund und Ländern, sondern auch der einzelnen Staatsbürger und sonstigen Gewaltunterworfenen ist[179]. Einmal können neben Staatsorganen auch Privatpersonen und Privatvereinigungen verfassungswidrig handeln, wie aus Art. 21 Abs. 2 GG zu entnehmen ist. Zum anderen hat die Erstreckung des Verbotes auf natürliche Personen, die sich in der Bundesrepublik ständig oder nur vorübergehend aufhalten und auf deutsche Staatsbürger im Ausland einen guten Sinn, weil das friedliche Zusammenleben von einzelnen im In- oder Ausland befindlichen Staatsbürgern oder ansässigen Vereinigungen gestört werden kann. Hinzu kommt, daß Art. 26 Abs. 1 GG eine umfassende Friedenssicherung anstrebt[180], die nur unter Einschluß des Staatsvolkes und jedes Einwohners erreichbar ist. Schließlich spricht die Verpflichtung, Verstöße gegen diese Norm unter Strafe zu stellen, für die Ausdehnung des Anwendungsbereiches auf Individuen.

Nach dem Wortlaut wirkt Art. 26 Abs. 1 GG selbst dann verfassungsunmittelbar gegen Privatpersonen, wenn die Verletzung des Verbotes zur Friedenssicherung nicht strafrechtlich sanktioniert wird[181]. Im Gegensatz zu Art. 21 Abs. 2 GG, der verfassungswidrigen Parteien einen besonderen Schutz einräumt, können nämlich alle Staatsorgane gegen

---

[175] *Karl Hernekamp*, in: I. v. Münch, Art. 26 Rdnr. 3. a. M. *Klaus Stern*, Staatsrecht, § 14 IV 5.

[176] Vgl. auch *Schmidt-Bleibtreu / Klein*, Art. 26 Rdnr. 1 und *Hamann / Lenz*, Art. 26 Erl. A. a. M. wohl *Maunz-Dürig-Herzog-Scholz*, Art. 26 Rdnr. 1 im Gegensatz zu Rdnr. 4 und Rdnr. 35.

[177] Vgl. dazu *Fabian von Schlabrendorff*, Friedensgebot und Gewissen, S. 405.

[178] *Maunz*, in: Maunz-Dürig-Herzog-Scholz, Art. 26 Rdnr. 4.

[179] Vgl. *Karl Hernekamp*, in: I. v. Münch, Art. 26 Rdnr. 10. Ebenso ohne nähere Begründung *Klaus Stern*, Staatsrecht, § 14 IV 5; *Giese / Schunck*, Grundgesetz, Art. 26 Erl. II 1; *Model / Müller*, Grundgesetz, Art. 26 Erl. 1; *Menzel*, in: Bonner Kommentar, Art. 26 Erl. II 2; *Fabian von Schlabrendorff*, Friedensgebot und Gewissen, S. 405.

[180] In diesem Sinne auch *Maunz-Dürig-Herzog-Scholz*, Art. 26 Rdnr. 18 f. Ebenso *Fabian von Schlabrendorff*, Friedensgebot und Gewissen, S. 404.

[181] Vgl. auch *Schmidt-Bleibtreu / Klein*, Art. 26 Rdnr. 1.

IV. Grundpflichten im Abschnitt „Der Bund und die Länder"

Private einschreiten, wenn sie gegen Art. 26 Abs. 1 GG verstoßen[182]. Außerdem ist es denkbar, daß bei Mißachtung des Art. 26 Abs. 1 GG gleichzeitig ein verwirkbares Grundrecht mißbraucht wird, so daß eine Ahndung nach Art. 18 GG in Betracht kommt. Aus diesen Gründen ist die Behauptung verfehlt, Verfassungswidrigkeit sei der Rechtswidrigkeit gleichzusetzen und dem Begriff der Verfassungswidrigkeit sei nur die Bedeutung einer sprachlich verschärften[183] Form beizulegen. Diese Nivellierung widerspricht dem Sprachgebrauch im Grundgesetz, das zwischen verbotenen Vereinigungen (Art. 9 Abs. 2 GG) und verfassungswidrigen Vereinigungen (Art. 21 Abs. 2 GG)[184] unterscheidet und den Begriff der Rechtswidrigkeit nicht kennt. Die Bezeichnung Rechtswidrigkeit ist eine Erscheinung des einfachen Zivil-, Straf- und Verwaltungsrechts. Sie ist inhaltlich von der Verfassungswidrigkeit zu trennen, die nur bei Verstößen gegen das Verfassungsrecht vorkommt und daher mindestens eine sachlich qualifizierte Rechtswidrigkeit, nämlich die in einer Verfassung stärkste rechtliche Verurteilung eines Tuns zur Folge haben kann[185], und eben deshalb die Verletzung einer Grundpflicht darstellt. Verfassungswidrigkeit ist daher mehr als Verbotenheit. Der Unterschied zwischen beiden Begriffen wirkt sich schon darin aus, daß ein verfassungswidriges Tun nicht beachtet werden muß[186].

Inhaltlich verpflichtet Art. 26 Abs. 1 GG den einzelnen, alle Handlungen zu unterlassen, die dort näher umschrieben sind. Verboten sind insbesondere die Vorbereitung eines Angriffskrieges — auch durch deutsche Waffenexperten im Ausland[187] —, die nationalistische Verhetzung der Gemüter oder die Wehrhaftmachung der deutschen Jugend durch Wehrsportvereine[188]. Hingegen wird man aus Art. 26 Abs. 1 GG für das Individuum kein Gebot zur Friedenssicherung ableiten können[189], weil das Friedensgebot in erster Linie Sache der Staatsgewalt ist.

4. Art. 33 Abs. 4 und 5 GG (Treuepflicht des Beamten)

Während Art. 25 und 26 GG mehr die Pflichten der Bewohner der Bundesrepublik aus völkerrechtlicher Perspektive behandeln, widmet

---

[182] Ebenso *Maunz-Dürig-Herzog-Scholz*, Art. 26 Rdnr. 4.
[183] *Maunz-Dürig-Herzog-Scholz*, Art. 26 Rdnr. 35.
[184] Vgl. dazu auch *von Mangoldt / Klein*, Art. 26 Anm. III 4 a.
[185] *Menzel*, in: Bonner Kommentar, Art. 26 Erl. I 2 m. w. N.
[186] Ebenso *Fabian von Schlabrendorff*, Friedensgebot und Gewissen, S. 410.
[187] Vgl. dazu *Karl Hernekamp*, in: I. v. Münch, Art. 26 Rdnr. 24 m. w. N. So *Model / Müller*, Grundgesetz, Art. 26 Erl. 1.
[188] JöR N.F. 1 (1951) S. 239 zu diesem Beispiel. Angesichts dieser Unterlassungspflichten ist Art. 26 Abs. 1 GG mehr als nur eine verfassungsrechtliche Grundrechtsschranke. So aber *Klaus Stern*, Staatsrecht, § 14 IV 5.
[189] So aber *Fabian von Schlabrendorff*, Friedensgebot und Gewissen, S. 410. Vgl. auch *Klaus Stern*, Staatsrecht, § 14 IV 5.

sich Art. 33 GG den staatsbürgerlichen Pflichten in den einzelnen Bundesländern und in einem anderen Zusammenhang dem öffentlichrechtlichen Dienst- und Treueverhältnis der Beamten.

Wenngleich Art. 33 Abs. 1 GG festlegt, daß jeder Deutsche in jedem Lande die gleichen staatsbürgerlichen Rechte und Pflichten hat, so wird damit noch keine konkrete Grundpflicht für den einzelnen Staatsbürger aufgerichtet[190]. Vielmehr setzt Art. 33 Abs. 1 GG die Existenz von verfassungsrechtlichen Pflichten des Staatsbürgers voraus[191]. Ferner handelt es sich nach der Formulierung dieser Bestimmung nicht um Grundpflichten gegenüber dem Bund. Vielmehr betrifft Art. 33 Abs. 1 GG auch seiner systematischen Stellung im Teil Bund und Länder entsprechend nur die staatsbürgerlichen Pflichten in den Ländern[192]. Inhaltlich ist Art. 33 Abs. 1 GG lediglich eine Ausprägung des Gleichheitssatzes im Hinblick auf den staatsbürgerlichen Status. Er will nur gewährleisten, daß die Bürger in den einzelnen Ländern gleich behandelt werden[193], wenn sie in die Staatsbürgerpflicht genommen werden und daß eine mehrfache Pflichtenstellung vermieden wird[194].

Art. 33 GG enthält neben Konkretisierungen des Gleichheitssatzes auch Aussagen über die grundsätzliche Ausgestaltung des öffentlichen Dienstes[195]. So ist in Abs. 4 angeordnet, daß hoheitsrechtliche Befugnisse in der Regel von Angehörigen des öffentlichen Dienstes ausgeübt werden müssen, die in einem öffentlich-rechtlichen Dienst- und Treueverhältnis stehen. Abs. 5 verlangt eine Normierung des öffentlichen Dienstes unter Berücksichtigung der hergebrachten Grundsätze des Berufsbeamtentums. Geht man mit der h. M. davon aus, daß Abs. 5 unmittelbar geltendes Recht ist[196] und mit der in Abs. 4 geschriebenen

---

[190] Diese Erwägung gilt erst recht für Art. 16 GG. Hierzu wird teilweise vertreten, Grundpflichten seien dem Status als Staatsbürger immanent. Nach *Klaus Stern*, Staatsrecht, § 8 I 4, gewährt die Staatsangehörigkeit einen Inbegriff von Rechten und Pflichten. Indes enthält Art. 16 GG keine Grundpflicht, sondern allenfalls eine Grundrechtspflicht. Vgl. dazu oben § 1 III unter dem Begriff Schutzpflicht und allgemein *Detlef Merten* BayVBl. 1978, 554, 556. Aus dieser Warte wäre es systemgerechter bei den staatsbürgerlichen Grundpflichten an Art. 33 Abs. 1 GG anzuknüpfen, weil dort von Pflichten die Rede ist.

[191] So wohl auch *von Mangoldt / Klein*, Art. 33 Anm. III 1, S. 804, die einige staatsbürgerliche Pflichten aufzählen und *Karl Brinkmann*, Grundrechtskommentar, Art. 33 Erl. I 1 d; *Hamann / Lenz*, Art. 33 Erl. B 1.

[192] *Maunz-Dürig-Herzog-Scholz*, Art. 33 Rdnr. 5.

[193] *Jess*, in: Bonner Kommentar, Art. 33 Erl. II 2; *Ferdinand Matthey*, in: I. v. Münch, Art. 33 Rdnr. 7.

[194] *Maunz-Dürig-Herzog-Scholz*, Art. 33 Rdnr. 7.

[195] *Jess*, in: Bonner Kommentar, Art. 33 Erl. I und II 1; *Ferdinand Matthey*, in: I. v. Münch, Art. 33 Rdnr. 1; *Maunz-Dürig-Herzog-Scholz*, Art. 33 Rdnr. 1.

[196] BVerfGE 9, 286; BGHZ 9, 325; 13, 317; *Maunz-Dürig-Herzog-Scholz*,

IV. Grundpflichten im Abschnitt „Der Bund und die Länder"

Wendung „in einem öffentlich-rechtlichen Dienst- und Treueverhältnis" nach der Entstehungsgeschichte und der Fassung der zusammengehörenden Absätze die Beamten gemeint sind[197], dann müßte man eigentlich annehmen, daß die Treuepflicht der Beamten eine verfassungsrechtliche Grundpflicht ist[198].

Trotz der positivrechtlichen Normierung der Treue in Art. 33 Abs. 4 und 5 GG entnimmt das Schrifttum die Pflicht des Beamten zur Verfassungstreue[199] teilweise aus beamtenrechtlichen Bestimmungen. Es beruft sich beispielsweise auf § 35 Abs. 1 Satz 2 BRRG, wonach sich der Beamte durch sein gesamtes Verhalten zu der freiheitlich demokratischen Grundordnung im Sinne des Grundgesetzes zu bekennen und für deren Erhaltung einzutreten hat[200]. Diese Meinung hat einerseits für sich, daß die zitierte Vorschrift die Treuepflicht des Beamten umschreibt. Andererseits konkretisiert sie mit der Bezugnahme auf das Grundgesetz nur die schon nach der Verfassung bestehende Treuepflicht des Beamten[201], so daß bezüglich einer Begründung der beamtenrechtlichen Treuepflicht beim Grundgesetz anzusetzen ist[202]. Dafür sind folgende Erwägungen maßgebend:

Einmal kann man den Begriff „Treueverhältnis" nicht nur als mögliche rechtliche Organisationsform und völlig isoliert von seinem Inhalt sehen. Betrachtet man den Ausdruck näher, dann stellt man fest, daß dem Treueverhältnis der Gedanke einer gesteigerten Pflichtigkeit innewohnt, die in einer besonders engen Verbundenheit zwischen Staat

---

Art. 33 Rdnr. 2; *Carl Heyland* DÖV 1951, 463; *Giese / Schunck*, Grundgesetz, Art. 33 Erl. II 5; *Ferdinand Matthey*, in: I. v. Münch, Art. 33 Rdnr. 2.

[197] So ausdrücklich statt vieler *Jess*, in: Bonner Kommentar, Art. 33 Erl. II 5 und *Maunz-Dürig-Herzog-Scholz*, Art. 33 Rdnr. 39 unter Hinweis auf die Entstehungsgeschichte der Vorschrift: Diese unglückliche Formulierung wurde anstelle des eindeutigen Begriffs „Berufsbeamten" aus redaktionellen Gründen gewählt.

[198] So wohl auch *Detlef Merten* BayVBl. 1978, 554, 558.

[199] Vgl. zum Begriff Verfassungstreue und Beamtentreue *Gerd Roellecke* DÖV 1978, 457, 459.

[200] Vgl. z. B. *Hartmut Maurer* NJW 1972, 602; *I. v. Münch*, Öffentlicher Dienst, III 4 b ee (S. 40); *Schmidt-Bleibtreu / Klein*, Art. 33 Rdnr. 11. Unklar ebenfalls *Klaus Stern*, Zur Verfassungstreue der Beamten, München, 1974, S. 13: „In Vollzug dieser verfassungsrechtlichen Grundentscheidung haben daher die Beamtengesetze das normiert, was früher ‚Treuepflicht' genannt wurde." Siehe dort auch S. 25 f. Vgl. auch den Wortlaut der vom Bundeskanzler und den Ministerpräsidenten der Länder beschlossenen „Grundsätze zur Frage der verfassungsfeindlichen Kräfte im öffentlichen Dienst" (vom 28. Januar 1972, abgedruckt im Bulletin Nr. 15 vom 3. Februar 1972, und in BVerfGE 39, 366). Dort ist nur von Verpflichtungen aufgrund der Beamtengesetze die Rede.

[201] BVerfGE 39, 334, 349, 352.

[202] So *Josef Isensee* JuS 1973, 265, 268; *Hans H. Klein*, Verfassungstreue und Schutz der Verfassung, DÖV 1978, 800 (Leitsatz III 2).

und Staatsdiener wurzelt. Mit der Festlegung des Treueverhältnisses im Grundgesetz wird damit gleichzeitig die besondere rechtliche Inpflichtnahme des Beamten betont und von der Verfassung als Bestandteil des Beamtenverhältnisses vorausgesetzt[203]. Insofern unterscheiden sich Beamte von anderen Staatsbürgern, die — wie erinnerlich — zwar sittlich verpflichtet sein mögen, positiv zur verfassungsmäßigen Ordnung zu stehen, die aber rechtlich nur gehalten sind, gegen die Verfassung gerichtete Aktivitäten zu unterlassen[204].

Zum anderen folgt die Beamtenpflicht zur Treue gegenüber Staat und Verfassung aus einem hergebrachten Grundsatz des Beamtentums, der in Art. 33 Abs. 5 GG mit Verfassungsrang anerkannt ist[205]. Denn das Grundgesetz hält an der traditionellen Treuepflicht der Beamten, die in der absoluten Monarchie der Person des Monarchen, in der konstitutionellen Monarchie dem verfassungsrechtlich gebundenen Monarchen und in der Republik gegenüber Staat und Verfassung galt, als einem hergebrachten und zu beachtenden Grundsatz des Berufsbeamtentums fest[206].

Der verfassungsrechtliche Charakter beamtenrechtlicher Treuepflicht ergibt sich ferner aus Art. 33 Abs. 2 GG, der Gesamtanlage und den Grundentscheidungen des Grundgesetzes. Zunächst ist die Verfassungstreuepflicht ein verfassungsrechtlich vorgegebenes Eignungsmerkmal[207], welches das Prinzip der staatsbürgerlichen Gleichheit beim Zugang zu öffentlichen Ämtern einschränkt[208]. Die Beamten sichern darüber hinaus die Funktionsfähigkeit des Staates und ermöglichen mit Hilfe ihrer Loyalität eine stabile Verwaltung[209]. Sie führen die Gesetze aus, setzen Recht und sind als ausgleichender Faktor gegenüber den das Staatsleben gestaltenden und abwählbaren politischen Kräften verantwortlich für eine gleichmäßige kontinuierliche Verwaltungsführung. Angesichts dieser in der Verfassung vorgezeichneten Verantwortung und rechtsstaatlichen Bedeutung des Beamtentums wäre es untragbar, die Treue-

---

[203] Vgl. zu dem Problemkreis, ob die Treuepflicht eine rechtliche oder nur eine ethische Pflicht darstellt *Hans-Werner Laubinger*, in: Öffentlicher Dienst, S. 89, 90, 95, 108 m. w. N.

[204] So zu Recht auch *Hartmut Maurer* NJW 1972, 601, 602; *Erhard Denninger / Hans H. Klein*, Verfassungstreue und Schutz der Verfassung, DÖV 1978, 798 ff. Leitsatz IV 1 bzw. III 1; BVerfGE 39, 334, 359.

[205] BVerfGE 39, 334 ff.; 43, 154, 165; BVerwG VerwRspr. Bd. 27, 145 ff.; BAG NJW 1976, 1708 ff.; *Maunz-Dürig-Herzog-Scholz*, Art. 33 Rdnr. 59, 73 und 77; *von Mangoldt / Klein*, Art. 33 Anm. VII 3 d, S. 816; *Hamann / Lenz*, Art. 33 Erl. B 7 b, S. 434; *Schmidt-Bleibtreu / Klein*, Art. 33 Rdnr. 8 a; *Model / Müller*, Grundgesetz, Art. 33 Erl. 4 B und G.

[206] BVerfGE 39, 334, 346.

[207] BVerfGE 7, 155, 162 und BVerfGE 39, 334, 366.

[208] *Klaus Stern*, Staatsrecht, § 11 IV 3.

[209] So *Georg Christoph von Unruh* VR 1977, 335 f.

pflicht des Beamten lediglich als eine in den Beamtengesetzen verankerte einfachrechtliche Pflicht zu qualifizieren oder sie — wie Maunz — als Parallelerscheinung zur Treuepflicht des Arbeitnehmers im Arbeitsverhältnis zu werten[210]. Die Treuepflicht des Beamten ist mit der Treuepflicht des Arbeitnehmers schon deshalb nicht vergleichbar, weil sie Verfassungsrang besitzt und sich nicht auf dienstrechtliche Beziehungen zum Staat beschränkt.

Unklar ist hingegen, ob die Treuepflicht als Grundpflicht auch die Angestellten des öffentlichen Dienstes erfaßt, die einerseits nicht in einem öffentlich-rechtlichen Dienst- und Treueverhältnis aber andererseits in einer engeren Rechtsbeziehung als ein Staatsbürger zum Staat stehen. Zur Problemklärung könnte man zunächst an eine Anwendung des Art. 33 Abs. 5 GG denken, der allerdings ausdrücklich nur die Berufsbeamten meint. Nach h. M. ist Art. 33 Abs. 5 GG für diese Gruppe von Dienstnehmern, die im Grundgesetz überhaupt nicht aufgeführt sind, nicht einschlägig. Dies wird damit begründet, Abs. 5 enthalte nur eine Anweisung, die Rechtsverhältnisse der in Abs. 4 genannten Beamten unter Berücksichtigung der hergebrachten Grundsätze des Berufsbeamtentums zu regeln[211]. Diese Auslegung ist sowohl aus systematischen Erwägungen als auch wegen der im Gegensatz zu den Angestellten besonderen Bedeutung des Berufsbeamtentums für die Funktionsfähigkeit des Staates angemessen.

Aus Art. 33 Abs. 2 GG ist für Angestellte eine Grundpflicht zur Treue gegenüber Staat und Verfassung unmittelbar ebenfalls nicht ableitbar. Denn primär will diese Vorschrift den gleichen Zugang zu öffentlichen Ämtern gewährleisten. Die Interpretation einer positiven den Beamten vergleichbaren Treuepflicht aus dem Merkmal der Eignung[212] ist angesichts der ausdrücklichen Beschränkung des Treueverhältnisses und des Treuegedankens auf Rechtsverhältnisse und Personen im Sinne von Art. 33 Abs. 4 und 5, Art. 5 Abs. 3 und Art. 74 a GG mehr als zweifelhaft. Die Literatur versucht gleichwohl teilweise, die Angestellten derselben Treuepflicht wie Beamte zu unterwerfen[213]. Dies geschieht freilich vornehmlich aufgrund einer mißverstandenen Entscheidung des Bundesverfassungsgerichts. Es hat in seinem wegbereitenden Beschluß vom 22. Mai 1975 nur der Vollständigkeit halber erwähnt, auch die Angestellten im öffentlichen Dienst schuldeten dem Dienstherrn Loya-

---

[210] *Maunz*, in: Maunz-Dürig-Herzog-Scholz, Art. 33 Rdnr. 71.
[211] Vgl. dazu die Übersicht bei *Ferdinand Matthey*, in: I. v. Münch, Art. 33 Rdnr. 35 und BVerfGE 3, 162, 186 sowie BAG NJW 1976, 1708, 1709.
[212] So aber BAG NJW 1976, 1708.
[213] Model / Müller, Grundgesetz, Art. 33 Erl. 4 G; *Ferdinand Matthey*, in: I. v. Münch, Art. 33 Rdnr. 19 a. Unklar Giese / Schunck, Grundgesetz, Art. 33 Erl. II 2.

lität und die gewissenhafte Erfüllung ihrer dienstlichen Obliegenheiten. Auch sie dürften nicht den Staat, in dessen Dienst sie stehen, und seine Verfassungsordnung angreifen[214]. Dieser Hinweis sagt nur Selbstverständlichkeiten. Er verlangt vom Angestellten wie von jedem anderen Staatsbürger die Erfüllung der Grundpflicht, die Gesetze zu befolgen (Art. 2 Abs. 1 und Art. 20 Abs. 3 GG) und sich nicht aktiv gegen die verfassungsmäßige Ordnung zu stellen. Hingegen ist aus dem Beschluß nicht zu entnehmen, die Angestellten unterlägen darüber hinaus einer besonderen verfassungsrechtlichen Treuepflicht. Aus der vorsichtigen Formulierung des Gerichts ist eher das Gegenteil herauszulesen.

Allein die unterschiedliche Behandlung von Beamten und Angestellten bezüglich der Verfassungstreue paßt problemlos zur Systematik und Zweiteilung des öffentlichen Dienstes. Soweit sich der Staat derselben Personalrechtsformen wie die Privatwirtschaft bedient, kann er nur eine dienst- bzw. arbeitsrechtliche Treuepflicht und keine Staatstreue fordern. Denn gerade in dem Umfang der notwendigen Treuepflicht liegt der wesentliche Unterschied zwischen Beamten und Richtern auf der einen und anderen Angehörigen des öffentlichen Dienstes auf der anderen Seite, denen z. B. ein Streikrecht gegenüber ihrem Dienstherrn zusteht. Allein deshalb geht das Grundgesetz für den Regelfall davon aus, daß die staatliche Verwaltung von Beamten erledigt wird[215].

Den hier vertretenen Standpunkt scheint auch das Bundesverfassungsgericht einzunehmen. Es hat vor einigen Jahren gefordert, daß in Berufen, bei denen der Staat ein Ausbildungsmonopol besitzt, einen Vorbereitungsdienst auf privatrechtlicher Grundlage oder innerhalb eines öffentlich-rechtlichen Praktikantenverhältnisses anzubieten ist, der nicht den strengen persönlichen Anforderungen unterliegt, die an den Beamten hinsichtlich der aktiven Verfassungstreue zu stellen sind[216]. Auf derselben Linie liegt eine neuere Entscheidung des Bundesverfassungsgerichts, die sich mit der Aufnahme in den juristischen Vorbereitungsdienst im Angestelltenverhältnis befaßt[217]. In dem Beschluß heißt es lediglich, es verbiete sich, Bewerber, die darauf ausgehen, die freiheitlich demokratische Grundordnung zu beeinträchtigen oder zu beseitigen, in die praktische Ausbildung zu übernehmen. Die in den Konstitutionsprinzipien der Verfassung enthaltenen Wertentscheidungen schlössen es aus, daß der Staat seine Hand dazu leihe,

---

[214] BVerfGE 39, 334, 355.
[215] So auch zu Recht *Bernhard Schlink*, Zwischen Identifikation und Distanz, Der Staat, Band 15, 1976, S. 352 Fn. 53.
[216] BVerfGE 39, 334, 372.
[217] BVerfG DÖV 1978, 41.

diejenigen auszubilden, die auf die Zerstörung der Verfassungsordnung ausgingen. Beide Entscheidungen gipfeln in dem Tenor, daß der Staat beim Angestellten einerseits nicht auf jede Bindung an die Verfassung verzichten kann, andererseits aber auch kein positives Eintreten für den Staat und seine Verfassungswerte gebietet. Folglich kann ein Bekenntnis zur freiheitlichen Demokratie von einem Staatsangestellten nur einfachgesetzlich (vgl. § 8 Abs. 1 Satz 2 BAT) oder aufgrund besonderer vertraglicher Abrede gefordert werden[218]. Dies gilt auch für im öffentlichen Dienst beschäftigte Arbeiter.

Der Inhalt der umfassenden beamtenrechtlichen Treuepflicht kann hier im einzelnen nicht ausgebreitet werden, zumal sie im Rahmen des Art. 33 Abs. 5 GG der Veränderung durch den Gesetzgeber unterliegt und ferner die Freiheitsrechte des Beamten zu beachten sind[219]. Mit dem Bundesverfassungsgericht ist jedoch davon auszugehen, daß die Treuepflicht als Kern die politische Treuepflicht meint als die „Pflicht zur Bereitschaft sich mit der Idee des Staates, dem der Beamte dienen soll, mit der freiheitlichen demokratischen, rechts- und sozialstaatlichen Ordnung dieses Staates zu identifizieren[220] und für ihn Partei zu ergreifen. Hervorhebenswert ist weiter das Streikverbot als Bestandteil der Treuepflicht. Allgemein verpflichtet der Gedanke der Treue den Beamten, alles zu tun, was die Interessen des Dienstherrn fördert und alles zu unterlassen, was ihnen abträglich ist[221].

V. Grundpflichten im Abschnitt „Der Bundestag"

1. Art. 38 GG (Wahlpflicht als Grundpflicht?)

In jüngerer Zeit wird zunehmend die Frage nach der verfassungsrechtlichen Zulässigkeit der Einführung einer gesetzlichen Wahlpflicht diskutiert[222]. Dabei wird stillschweigend unterstellt, Art. 38 GG oder andere Verfassungsvorschriften statuierten eine derartige Grundpflicht nicht. Diese Betrachtungsweise ist einerseits richtig, wenn man Art. 38 GG mit Art. 26 Abs. 3 BW LV vergleicht. Er sieht eine als Grundpflicht ausgestaltete Wahlpflicht vor, indem er im Gegensatz zum Grundgesetz

---

[218] So auch BAG NJW 1976, 1708 f.
[219] Vgl. *Bernhard Schlink*, Zwischen Identifikation und Distanz, Der Staat, Band 15, 1976, S. 353.
[220] BVerfGE 39, 334, 349. Zur Problematik der Feststellung der Verfassungstreue siehe *Gerd Roellecke* DÖV 1978, 457, 462 f.
[221] So *Hans-Werner Laubinger*, Öffentlicher Dienst, S. 110.
[222] Vgl. u. a. aus dem neueren Schrifttum: *Hans H. Klein*, Die Grundrechte im demokratischen Staat, S. 40; *Klaus Stern*, Staatsrecht, § 10 II 7; *Karl-Heinz Seifert*, Bundeswahlrecht, München, 1976, S. 48, 144; *Schmidt-Bleibtreu / Klein*, Art. 38 Rdnr. 18.

ausdrücklich bestimmt, daß die Ausübung des Wahl- und Stimmrechts Bürgerpflicht ist. Andererseits könnte man eine grundgesetzliche Wahlpflicht damit argumentieren, insbesondere das Wahlrecht enthalte unausgesprochen die Rechtspflicht, von ihm einen verantwortungsbewußten Gebrauch zu machen[223]. Außerdem bliebe zu klären, ob man aus der in Art. 20 Abs. 2 GG niedergelegten Anordnung, die Staatsgewalt werde vom Volk u. a. in Wahlen ausgeübt, nicht folgern kann, damit werde die Ausübung des Wahlrechts als Wahlpflicht vorausgesetzt.

Die Verfassungsmäßigkeit dieser Überlegungen ist an Art. 38 GG zu messen. Die Vorschrift besteht aus drei Absätzen, von denen hier die Absätze eins und zwei interessieren. Während Abs. 1 die allgemeinen Wahlrechtsgrundsätze normiert, gibt Abs. 2 hauptsächlich über das Wahlalter Auskunft. Abs. 2 ist demnach lediglich eine Konkretisierung des Abs. 1, weil die Festlegung des aktiven und passiven Wahlrechts notwendig das Wahlrecht als bestehend voraussetzt. Deshalb kann man in diesem Zusammenhang auf eine Interpretation des Art. 38 Abs. 2 GG verzichten.

Wendet man sich den Wahlrechtsgrundsätzen in Abs. 1 zu, dann entscheidet sich das Problem der möglicherweise verfassungsrechtlichen Verankerung der Wahlpflicht an dem Merkmal der freien Wahl. Was versteht man unter diesem Begriff? Das Bundesverfassungsgericht legt ihn unter Berücksichtigung der Tatsache, daß der Bürger im Regelfalle von seinem Wahlrecht Gebrauch macht, so aus: „Die Wahlfreiheit besteht zunächst darin, daß jeder Wähler sein Wahlrecht frei, das heißt ohne Zwang oder sonstige unzulässige Beeinflussung von außen ausüben kann." Durch sie soll vor allem die freie Wahlbetätigung und insbesondere der Akt der Stimmabgabe und der Meinungsbildungsprozeß geschützt werden[224].

Das Gericht läßt freilich offen, ob darüber hinaus die Freiheit der Wahl heute noch mehr verlangt und es erklärt nicht, was mit dem „mehr" gemeint ist. Für die Auslegung des Art. 38 GG als Grundpflicht kommt es hingegen gerade darauf an, ob sich der Grundsatz der freien Wahl auf das „Ob" der Wahl und nicht nur auf das „Wie" bezieht[225]. Im zuerstgenannten Falle wäre die Entscheidung überhaupt zu wählen frei mit der Folge, daß eine verfassungsrechtliche Wahlpflicht ausscheiden würde.

---

[223] So *Hans H. Klein*, Die Grundrechte im demokratischen Staat, S. 40.
[224] BVerfGE 7, 63, 69 sowie BVerfGE 15, 165, 166 und im Anschluß daran OVG Münster DVBl. 1963, 112 sowie BVerfGE 44, 125, 139.
[225] Vgl. dazu *Klaus Stern*, Staatsrecht, § 10 II 7; *I. v. Münch*, in: I. v. Münch, Art. 38 Rdnr. 29 und wohl auch *Peter Badura*, in: Bonner Kommentar, Anhang zu Art. 38 Rdnr. 16 sowie *Karl Brinkmann*, Grundrechtskommentar, Art. 38 Erl. I 1 c.

V. Grundpflichten im Abschnitt „Der Bundestag"

Ein Blick auf die Vorbilder der Bundesverfassung und auf die Entstehungsgeschichte des Grundgesetzes helfen kaum weiter. Der Ausdruck „frei" für eine Wahl war in der Weimarer Reichsverfassung im Zusammenhang mit der Normierung der Wahlrechtsgrundsätze nicht enthalten, jedoch in Verbindung mit der Garantie des Wahlgeheimnisses in Art. 125 WRV gewährleistet[226]. Aus den Beratungen des Parlamentarischen Rates ist nicht ersichtlich, weshalb eine Wahl frei sein muß[227]. Immerhin darf man aber als Fazit der Geschichtsbetrachtung festhalten, daß es bislang in der Rechtsentwicklung des deutschen Staates keine gesetzliche geschweige denn eine verfassungsrechtliche Wahlpflicht gegeben hat.

Legt man das Wort „frei" aus, dann läßt sich die Wahlfreiheit nur schwer auf eine Freiheit bei der Stimmabgabe und die eigentliche Ausübung des Wahlrechts beschränken, wie Maunz glaubt[228]. Der Ausdruck frei meint Freiheit von jeder rechtlichen Bindung, also auch von der Pflicht, überhaupt zu wählen. Sprachlich besteht nämlich eine Wahlmöglichkeit nur noch bedingt, wenn der Wähler gegen seinen Willen gezwungen werden kann, überhaupt zu wählen[229]. Begrifflich umfaßt die Wahlfreiheit deshalb auch die Wahlmöglichkeit, auf die Ausübung eines Wahlrechts zu verzichten[230]. Dies folgt schon daraus, daß nicht allein die Wahlstellungnahme, sondern schon die Wahlteilnahme eine politische Willenskundgebung darstellt[231], die Art. 38 Abs. 1 GG nicht verlangt.

Vom Inhalt her ist das Recht auf freie Wahl ein grundrechtsähnliches Recht, wie sich aus seiner Stellung in der Verfassung und Art. 93 Abs. 1 Nr. 4 a GG ergibt[232]. In dieser Eigenschaft kann das Wahlrecht aus der Sicht des Art. 38 Abs. 1 GG nicht anders behandelt werden als andere Freiheitsgrundrechte. Wenn es im Wesen der dem Bürger durch das Grundgesetz eingeräumten subjektiven Rechte liegt, von ihnen keinen Gebrauch machen zu dürfen[233], dann kann für das Wahlrecht nichts anderes gelten.

---

[226] Siehe *I. v. Münch*, in: I. v. Münch, Art. 38 Rdnr. 28 a. M. wohl *Maunz*, in: Maunz-Dürig-Herzog-Scholz, Art. 38 Rdnr. 47 am Ende.
[227] Vgl. *Maunz-Dürig-Herzog-Scholz*, Art. 38 Rdnr. 47 am Ende.
[228] *Maunz*, in: Maunz-Dürig-Herzog-Scholz, Art. 38 Rdnr. 32 und 47.
[229] So auch *I. v. Münch*, in: I. v. Münch, Art. 38 Rdnr. 29.
[230] *Wolfgang Schreiber*, Handbuch des Wahlrechts zum Deutschen Bundestag, Teil I, Einführung, S. 101 und Teil II § 1 Rdnr. 13.
[231] *Klaus Stern*, Staatsrecht, § 10 II 7. Im Ergebnis ebenso *Model / Müller*, Grundgesetz, Art. 38 Erl. 2; *Karl-Heinz Seifert*, Bundeswahlrecht, München, 1976, S. 48.
[232] Statt vieler *Hamann / Lenz*, Art. 38 Erl. A 3 und *von Mangoldt / Klein*, Art. 38 Anm. III 1 a m. w. N.
[233] Vgl. z. B. für Art. 4 GG: BVerwGE 44, 196.

Dieser Begründung kann man nicht entgegenhalten, das Demokratieprinzip erlaube und erfordere eine verfassungsrechtliche Wahlpflicht. Zwar sehen einige demokratisch organisierte Staaten der westlichen Welt eine Wahlpflicht unter Androhung von Sanktionen bei Nichtbeachtung vor[234] und Wahlen vermögen eine demokratische Legitimation im Sinne des Art. 20 Abs. 2 GG nur zu verleihen, wenn das Wahlrecht ausgeübt wird. Insoweit kann die Wahlpflicht als Bedingung der Staatshervorbringung als erforderlich, zumindest aber förderlich erscheinen[235]. Denn die Wahlen sind — wie Badura zutreffend feststellt[236] — „der für die Willensbildung des Staates eine Voraussetzung bildende Akt, in dem der permanente Prozeß der Meinungs- und Willensbildung des Volkes gipfelt"[237].

Aber selbst auf die Gefahr hin, daß eine demokratische Legitimation nicht mehr möglich ist, wenn die Bürger von ihrem Wahlrecht keinen Gebrauch machen, richtet das Grundgesetz aus mehreren Gründen keine Wahlgrundpflicht auf. Zunächst muß man sich der eingangs dargelegten unbestrittenen Tatsache vergegenwärtigen, daß das Grundgesetz bei der Normierung von Grundpflichten äußerst zurückhaltend ist. Dem widerspräche es, in Art. 38 GG allein oder in Verbindung mit Art. 20 Abs. 2 GG eine Pflicht hineinzulesen, zumal von der Fassung der Bestimmungen nicht die geringsten Anhaltspunkte für eine Pflichtigkeit des Bürgers vorhanden sind. Ein Hinweis auf eine Wahlpflicht wäre vor allem deshalb erforderlich gewesen, weil ausländische demokratische Verfassungsgesetze und eine Landesverfassung eine Pflicht expressiv verbis vorsehen. Entscheidend dürfte deshalb sein, daß die Bundesrepublik eine freiheitlich-demokratische Grundordnung ist (vgl. z. B. Art. 20 Abs. 2 GG) mit der Folge, daß von der Freiheit der Wahl auszugehen ist, solange nichts Gegenteiliges bestimmt wird[238].

Unabhängig davon wäre mit einer Wahlgrundpflicht wenig gewonnen. Mit Recht bemerkt Hans Hugo Klein, der Demokratie sei mit einem wie immer gearteten Rechtszwang zu politischem Handeln nicht gedient[239]. In der Tat läßt sich eine aktive Betätigung für den Staat nicht anordnen. Vor allem könnte man selbst im Falle eines verfassungsrechtlichen Zwangs, überhaupt zur Wahlurne zu gehen, nicht

---

[234] *Günther* und *Erich Küchenhoff*, Allgemeine Staatslehre, S. 73 m. w. N. Ebenso *Model / Müller*, Grundgesetz, Art. 38 Erl. 2.

[235] So *Arnulf von Heyl*, Wahlfreiheit und Wahlprüfung, Berlin, 1975, S. 192 f.

[236] *Peter Badura*, in: Bonner Kommentar, Art. 38 Rdnr. 35.

[237] Siehe auch BVerfGE 20, 56, 98 und BVerfGE 44, 139, 140.

[238] So wohl auch *Karl Brinkmann*, Grundrechts-Kommentar, Art. 38 Erl. I 1 c.

[239] *Hans H. Klein*, Die Grundrechte im demokratischen Staat, S. 41.

dafür garantieren, daß der Bürger auch wirklich wählt und nicht nur einen leeren oder ungültigen Stimmzettel abgibt. Aus der Perspektive der demokratischen Legitimationswirkung einer Wahl wäre nur ein positiver Beitrag dazu sinnvoll. Abgesehen davon, daß es nicht in der Absicht des Verfassungsgebers gelegen haben kann, eine verhältnismäßig untaugliche oder wenigstens uneffektive Pflicht einzuführen[240], darf man sogar mit Ingo von Münch sagen, die Festlegung einer Wahlpflicht sei eines demokratischen Staates unwürdig[241]. Auf dieser Linie liegt die hier vertretene Ansicht, die Wahlpflicht sei keine rechtliche, sondern eine sittliche Bürgerpflicht[242] zur Erhaltung der Demokratie, die man selbstverständlich wahrnehme. Die Verfassungswirklichkeit bestätigt diese Qualifizierung, weil der weitaus überwiegende Teil der Bevölkerung sein Wahlrecht regelmäßig ausübt.

2. Art. 48 GG (Pflicht zur Nichtbehinderung)

Wenn somit eine verfassungsrechtliche Wahlpflicht nicht begründbar ist, könnte sich für die Staatsbewohner wenigstens die Grundpflicht ergeben, die zu Wählenden oder Gewählten nicht bei ihrer Amtsübernahme oder Amtsausübung zu hindern. Als Abwehrrecht gegen Freiheitsbeschränkungen gewährt Art. 48 Abs. 1 GG den Bewerbern um ein Mandat als Bundestagsabgeordneter einen Anspruch auf Wahlurlaub und Abs. 2 gebietet, niemanden daran zu hindern, das Amt eines Abgeordneten zu übernehmen oder auszuüben. Dieses Grundrecht besitzt einen Doppelcharakter, weil es sich sowohl gegen den Staat als auch gegen Privatpersonen richtet, wenngleich Schrifttum und Rechtsprechung bei der Auseinandersetzung mit diesem Artikel den Gebrauch des Wortes „Drittwirkung" regelmäßig vermeiden[243]. Da das beschriebene Grundrecht vor allem Private verpflichtet[244], stellt sich zwangsläufig die Frage nach der Grundpflichtigkeit dieser Ansprüche.

Geht man von der hier vertretenen These aus, Grundpflichten berechtigten den Staat, dann ist offenkundig, daß die Qualifizierung auf das

---

[240] Das gilt entgegen *Schmidt-Bleibtreu / Klein*, Art. 38 Rdnr. 18 und *Hamann / Lenz*, Art. 38 Erl. B 4 auch für die gesetzliche Einführung einer Wahlpflicht.

[241] *I. v. Münch*, in: I. v. Münch, Art. 38 Rdnr. 30.

[242] In diesem Sinne *Spreng / Birn / Feuchte*, Die Verfassung des Landes Baden-Württemberg, Stuttgart, 1954, Art. 26 Erl. 5.

[243] Vgl. z. B. BGH DÖV 1965, 816; *Giesing*, DÖV 1967, 401 ff.; *Schmidt-Bleibtreu / Klein*, Art. 48; *Rauball*, in: I. v. Münch, Art. 48; *Model / Müller*, Grundgesetz, Art. 48; *Nipperdey*, Grundrechte, Band II, S. 1 ff.; *Schwabe*, Die sogenannte Drittwirkung der Grundrechte, München, 1971, S. 145. Von Drittwirkung spricht hingegen *Hans H. Klein*, Die Grundrechte im demokratischen Rechtsstaat, S. 59 f.

[244] Vgl. statt vieler *Maunz-Dürig-Herzog-Scholz*, Art. 48 Rdnr. 7; *Hamann / Lenz*, Art. 48; *von Mangoldt / Klein*, Art. 48, S. 989.

Recht auf Wahlurlaub und die ungehinderte Amtsübernahme nicht zutreffen kann. Denn Adressat dieser Gewährleistungen ist nicht der Staat, sondern der ernsthafte Bewerber um ein Amt[245]. Der Staat ordnet zwar den verfassungsrechtlichen Schutz des Bewerbers an; er wird jedoch nicht selbst dadurch Berechtigter. Etwas anderes dürfte hinsichtlich der Pflicht gelten, die Mandatsausübung nicht zu behindern. Sofern der Bewerber sein Amt übernommen hat, ist er Bundestagsabgeordneter und damit als Amtsträger Teil der Legislative. Der Mandatsträger verkörpert ein Stück legitimierter Staatsgewalt. Da es für die Einordnung als Grundpflicht keinen Unterschied machen kann, ob der Staat als Ganzes oder eines seiner Organe bzw. ein Teil davon berechtigt ist, stellt das Behinderungsverbot des Art. 48 Abs. 2 GG bezüglich der Amtsausübung eine Grundpflicht dar.

Der Inhalt der Grundpflicht ist in Art. 48 Abs. 2 GG beispielhaft umschrieben und in Rechtsprechung[246] sowie im Schrifttum[247] weitgehend aufbereitet. Deshalb erübrigt es sich an dieser Stelle, auf die diesbezügliche Rechtsstellung des Abgeordneten näher einzugehen.

Der Abgeordnete selbst unterliegt — im Gegensatz zum Beamten — keinerlei verfassungsrechtlichen Pflichten, wenn man von der allgemeinen für jedermann geltenden Pflicht zur Beachtung der verfassungsmäßigen Rechtsordnung einmal absieht[248].

VI. Art. 56 und 64 GG (Eidesleistungs- und Treuepflicht)

Während sich Art. 48 GG vornehmlich mit den Pflichten von Privatpersonen gegenüber verfassungsrechtlichen Amtspersonen beschäftigt, behandeln Art. 56 und 64 GG die Pflichten von Amtsträgern gegenüber dem Staat. Diese Vorschriften verlangen vom Bundespräsidenten, dem Bundeskanzler und den Ministern die Ableistung eines Eides. Daß es dabei um eine verfassungsrechtliche Pflicht geht[249], ist außer Streit. Denn die Weigerung der Eidesleistung ist eine nach Art. 61 GG zu ahndende Verfassungsverletzung[250]. Wenngleich sie gegenüber den höchsten den Staat repräsentierenden Organen zu erbringen ist, so ist sie jedoch nicht nur eine Verfassungsorganpflicht, die gegenüber einem anderen

---

[245] *Rauball*, in: I. v. Münch, Art. 48 Rdnr. 1.
[246] Vgl. dazu vor allem BGH DÖV 1965, 816 und BVerfGE 42, 312, 329.
[247] Siehe *Bertermann* BB 1967, 270 ff.; *Giesing*, DÖV 1967, 401 ff. und die Kommentare zum Grundgesetz.
[248] Vgl. dazu näher *Klaus Stern*, Staatsrecht, § 24 III 2 m. w. N.
[249] *Giese / Schunck*, Grundgesetz, Art. 56 Erl. II 1; *Kern*, in: Bonner Kommentar, Art. 56 Erl. II und *Dennewitz-Meder*, in: Bonner Kommentar, Art. 64 Erl. II; *Schmidt-Bleibtreu / Klein*, Art. 56 Rdnr. 1 ff.; *von Mangoldt / Klein*, Art. 56 Erl. IV.
[250] *von Mangoldt / Klein*, Art. 56 Erl. IV; vgl. auch *Hamann / Lenz*, Art. 56.

VI. Art. 56 und 64 GG (Eidesleistungs- und Treuepflicht)

Verfassungsorgan besteht. Vielmehr nehmen Bundestag und Bundesrat den Amtseid nur stellvertretend für den Staat entgegen[251]. Die Einreihung der Eidespflicht in den Katalog der Grundpflichten entfällt auch nicht deshalb, weil diese Pflicht nur einen kleinen Personenkreis betrifft, der in einem besonders engen Pflichtenverhältnis zum Staat steht. Denn es gehört — wie bei der Treuepflicht der Beamten deutlich wurde — zu den typischen Eigenarten der Grundpflichten, daß sie auch nur einen Teil des Staatsvolkes betreffen können.

Von der Grundpflicht zur Leistung des Amtseides ist die Frage zu unterscheiden, ob damit überhaupt oder zusätzliche Grundpflichten entstehen. Dies wäre nur zu bejahen, wenn der Eid einerseits die Pflichtenstellung des betroffenen Amtsträgers anspricht und andererseits konstitutive Voraussetzung für die Begründung von verfassungsrechtlichen Pflichten sein kann. Der erste Teil der Frage ist zweifellos mit einem Ja zu beantworten. Art. 56 GG verwendet ausdrücklich das Wort „Pflichten", und er verlangt die Wahrung des Grundgesetzes und der Gesetze des Bundes.

Hingegen kommt dem Amtseid keine rechtsbegründende Wirkung für bestimmte Verfassungspflichten zu[252]. Die Amtspflichten existieren bereits mit der Annahme der Wahl[253]. Sie ergeben sich allein aus den Rechtsvorschriften, die den Status des Gewählten überhaupt festlegen. Der Verfassungswortlaut steht dieser Exegese nicht entgegen. Das Erfordernis, den Eid bei Amtsantritt zu leisten, besagt nur, daß die Eidesleistung in der Regel mit dem Amtsantritt zusammenfallen soll. Es bedeutet hingegen nicht, daß der Bundespräsident sein Amt und die daraus resultierenden Pflichten erst mit dem Eid übernimmt, weil die Eidesleistung Folge der Amtsübernahme ist[254]. Die Richtigkeit dieses Arguments folgt aus dem Eideszweck. Der Amtseid besitzt Versicherungsfunktion[255]. Mit ihm verspricht der Gewählte in einem feierlichen förmlichen Verfahren, daß er sein Amt im Sinne des vorgeschriebenen Eides ausüben will. Der Betroffene gibt mit dem politischen Eid lediglich eine Zusicherung hinsichtlich seines künftigen staatspolitischen Verhaltens[256]. Der Eid hat deshalb nur die Bedeutung eines besonders

---

[251] Wohl auch *Schmidt-Bleibtreu / Klein*, Art. 56 Erl. 1 und Art. 64 Erl. 7 im Anschluß an BVerfGE 33, 27. Deshalb spricht *Carl Schmitt*, Grundrechte und Grundpflichten, S. 217 Fn. 91 zu Recht davon, daß es sich auch bei der Pflicht des Reichskanzlers zum Rücktritt um eine Grundpflicht handelte.
[252] So statt vieler *Ulf Hemmrich*, in: I. v. Münch, Art. 56 Rdnr. 2.
[253] So die ganz h. M. Vgl. *Ulf Hemmrich*, in: I. v. Münch, Art. 56 Rdnr. 2 m. w. N. und *Kern*, in: Bonner Kommentar, Art. 56 Erl. II sowie *Dennewitz-Meder*, in: Bonner Kommentar, Art. 64 Erl. II.
[254] So zutreffend *Maunz-Dürig-Herzog-Scholz*, Art. 56 Rdnr. 1.
[255] Vgl. *Kern*, in: Bonner Kommentar, Art. 56 Erl. II.
[256] *Ulf Hemmrich*, in: I. v. Münch, Art. 56 Rdnr. 1; *von Mangoldt / Klein*, Art. 56 Erl. III.

§ 3 Mögliche Grundpflichten im einzelnen

ernsten, jedenfalls aber rein weltlichen Gelöbnisses[257]. Der Verfassungsgeber wollte mit der Aufnahme der Eidesformel in das Grundgesetz dem Volk ein Gefühl der Sicherheit vermitteln, daß die Rechte gewahrt werden[258]. Der Eid bestätigt also nur gleichsam die Amtspflichten des Betroffenen[259].

Wenn dem Amtseid somit keine konstitutive Kraft beizulegen ist, so steht gleichzeitig fest, daß die Vorschrift nicht als Generalklausel weitere Pflichten begründet[260]. Hingegen ist sie für die verfassungsrechtliche Pflichtenstellung des Bundespräsidenten und der Amtsträger nach Art. 64 Abs. 2 GG insofern von Bedeutung, als er die wohl selbstverständlich bereits bestehenden und deshalb nicht mehr ausdrücklich erwähnten Grundpflichten inhaltlich kennzeichnet[261] und programmatisch umschreibt[262], die dem Gewählten aufgrund des Grundgesetzes obliegen.

Maunz bezweifelt die Hinweisfunktion des Art. 56 Abs. 2 GG, indem er fragt, ob der Wortlaut der heutigen Eidesformel überhaupt noch paßt und ob nicht darin der Bundespräsident etwas beschwört, wozu er nach dem Grundgesetz gar nicht mehr berufen ist[263]. Diese Bedenken, die darauf beruhen, Art. 56 GG erwecke den Eindruck, der Bundespräsident sei Hüter der Verfassung, sind nicht stichhaltig, weil der Amtseid im Einklang mit den Verfassungsprinzipien des Grundgesetzes steht. Die Vorschrift stellt zunächst eine allgemeine Verfassungs- und Gesetzesbefolgungspflicht fest. Sie braucht sich jedoch darin nicht erschöpfen, wenngleich dem Bundespräsidenten nicht die Aufgabe eines Hüters der Verfassung zukommt. Art. 56 Abs. 2 GG will zusätzlich nur auf die besondere Treuepflicht des Gewählten gegenüber Staat und Verfassung aufmerksam machen. Dieser Bedeutungsgehalt läßt sich aus den Formulierungen erschließen, wonach der Bundespräsident und die anderen zur Eidesleistung Verpflichteten den Nutzen des deutschen Volkes mehren, Schaden von ihm wenden und das Grundgesetz verteidigen müssen. Insbesondere aus der Verteidigungspflicht wird sichtbar, daß sich die Amtsträger für die Grundwerte der Verfassung und die freiheitlich demokratische Grundordnung aktiv einsetzen[264], sich

---

[257] BVerfGE 33, 27.
[258] *Kern*, in: Bonner Kommentar, Art. 56 Erl. II und im Anschluß daran *von Mangoldt / Klein*, Art. 56 Erl. III.
[259] *Giese / Schunck*, Grundgesetz, Art. 56 Erl. II 3.
[260] *Theodor Maunz*, Deutsches Staatsrecht, § 40 III.
[261] *Giese / Schunck*, Grundgesetz, Art. 56 Erl. II 3 und in diesem Sinne wohl auch *Maunz / Dürig / Herzog / Scholz*, Art. 56 Rdnr. 3.
[262] So *von Mangoldt / Klein*, Art. 56 Erl. VI.
[263] *Maunz*, in: Maunz-Dürig-Herzog-Scholz, Art. 56 Rdnr. 3.
[264] Vgl. dazu *Kern*, in: Bonner Kommentar, Art. 56 Erl. I und *von Mangoldt / Klein*, Art. 56 Erl. VII 2.

VII. Art. 92 und 97 f. GG (Treuepflicht des Richters)

mit dem Staat identifizieren und sich positiv zu dieser Staatsordnung bekennen müssen[265]. Insoweit entspricht die Treuepflicht der höchsten Amtsträger des Staates inhaltlich völlig der beamtenrechtlichen Treuepflicht.

VII. Art. 92 und 97 f. GG (Treuepflicht des Richters)

Neben den Amtsverhältnissen der obersten Bundesorgane und dem Beamtenverhältnis widmet das Grundgesetz dem Richterverhältnis seine besondere Aufmerksamkeit. Während es die Ausübung hoheitsrechtlicher Verwaltungsbefugnisse in Art. 33 Abs. 4 GG den Berufsbeamten überantwortet, vertraut es die rechtsprechende Gewalt nach Art. 92 GG den Richtern an. Die Verfassung unterscheidet folglich zwischen Richtern und Beamten und hält je eine eigene Ordnung der Rechtsverhältnisse für gerechtfertigt[266]. Grundpflichten der Beamten sind daher nicht ohne weiteres auf die Richterschaft übertragbar. Beamte stehen aufgrund von Art. 33 Abs. 4 GG in einem öffentlich-rechtlichen Dienst- und Treueverhältnis zum Staat. Sie sind deshalb zur aktiven Treue gegenüber der Verfassung verpflichtet. Im Gegensatz zu Art. 33 Abs. 4 GG gebrauchen die für Richter geltenden Spezialvorschriften der Art. 92 ff. GG[267] die Wendung vom Treueverhältnis nicht[268]. Bedeutet dies, daß die verfassungsrechtliche Treuepflicht von Beamten und Richtern unterschiedlich ausgestaltet ist?

Für diese Ansicht lassen sich mehrere Begründungen anführen. Art. 20 Abs. 3 und Art. 97 Abs. 1 GG beschränken sich einerseits darauf, die Bindung des Richters an Gesetz und Recht und allein daran zu betonen[269]. Andererseits stellt Art. 97 Abs. 1 GG die Unabhängigkeit der Richter heraus, was dafür spricht, daß der Richter nicht in einer so engen Treuebeziehung zum Staate steht wie der Beamte. Die These, der Richter unterliege nur einer Gesetzesbefolgungspflicht und keiner aktiven Treuepflicht, wird durch die Verfassungssystematik erhärtet. Das Grundgesetz unterscheidet an mehreren Stellen peinlich genau zwischen Dienst- sowie Dienst- und Treueverhältnissen. Sowohl in den Gesetzgebungszuständigkeitsnormen der Art. 73 Nr. 8 und Art. 74 a GG als auch in der Organisationsbestimmung des Art. 96 GG kommt zum Ausdruck, daß Dienst- und Treueverhältnis nicht identisch gebraucht

---

[265] So auch *von Mangoldt / Klein*, Art. 56 Erl. III.
[266] BVerfGE 32, 199, 213; *Maunz-Dürig-Herzog-Scholz*, Art. 92 Rdnr. 10.
[267] So zu Recht *Maunz-Dürig-Herzog-Scholz*, Art. 33 Rdnr. 34.
[268] Gleichwohl nimmt *Herzog*, in: Maunz-Dürig-Herzog-Scholz, Art. 92 Rdnr. 87 f. an, Art. 33 Abs. 4 GG gelte auch für Richter.
[269] Vgl. dazu *Gerd Roellecke*, Die Bindung des Richters an Gesetz und Verfassung, VVDStRL 34, 9 ff.

werden. So gelten die Vorschriften über Besoldung und Versorgung der in einem Treueverhältnis stehenden Bediensteten für Richter nur entsprechend[270].

Auf den ersten Blick scheint auch die in Art. 98 Abs. 2 GG geregelte Richteranklage diese Interpretation zu bekräftigen. Dort heißt es, daß das Bundesverfassungsgericht auf Antrag des Bundestages eine Versetzung anordnen bzw. auf eine Entlassung erkennen kann, wenn ein Bundesrichter in seinem Amte gegen die Grundsätze des Grundgesetzes oder die verfassungsmäßige Ordnung eines Landes verstößt. Dieses Argument steht freilich einer umfassenden Treuepflicht des Richters nicht entgegen. Denn Art. 98 Abs. 2 GG will möglicherweise nur einen Ausschnitt der Richterpflichten mit den dort vorgesehenen Rechtsfolgen sanktionieren. Damit ist aber nicht gesagt, daß das Grundgesetz Grundpflichten anordnet, deren Verletzung noch nicht die Richteranklage auslösen[271].

Eine dem Beamten vergleichbare Treuepflicht des Richters läßt sich hingegen aus dem Wortlaut des Art. 92 GG herauslesen. Danach ist die rechtsprechende Gewalt den Richtern „anvertraut". Der Ausdruck anvertraut wird in mehrere Richtungen ausgelegt. Er wird hauptsächlich verstanden als Richtermonopol mit Funktionsgarantie[272], als abschließende Zuordnung im Sinne einer letztinstanzlichen Zuständigkeit[273] und als unmittelbare Legitimation durch das Volk[274]. Eine weitere hier interessierende Bedeutung, die der allgemeine Sprachgebrauch nahelegt, findet sich nur selten im Schrifttum. Anvertrauen meint, jemandem etwas zu treuen Händen überlassen[275]. In dem Begriff ist das Wort Vertrauen und in diesem wiederum die Treue enthalten. Deshalb wird die Bezeichnung Vertrauen nicht grundlos als sich auf jemanden verlassen können umschrieben[276]. Mit Giese / Schunck bedeutet „anvertrauen" im Sinne des Art. 92 GG eine besondere Vertrauensstellung, eine erhöhte Verpflichtung der Richter gegenüber dem Grundgesetz, überhaupt Staat und Volk[277]. Wenn das Grundgesetz den Richtern die Rechtsprechung anvertraut und ihnen damit ein besonderes Vertrauen

---

[270] Vgl. dazu auch BVerfGE 32, 199, 213.
[271] a. M. wohl *Wolfgang Meyer*, in: I. v. Münch, Art. 98 Rdnr. 3 und 8.
[272] Vgl. *Theodor Maunz*, Deutsches Staatsrecht, § 29 I; *Hamann / Lenz*, Art. 92 Erl. B 3; *Holtkotten*, in: Bonner Kommentar, Art. 92 Erl. II 1.
[273] So wohl *Wolfgang Meyer*, in: I. v. Münch, Art. 92 Rdnr. 5; *Theodor Maunz*, Deutsches Staatsrecht, § 29 I.
[274] *Holtkotten*, in: Bonner Kommentar, Art. 92 Erl. II 1.
[275] Vgl. *Gerhard Wahrig*, Deutsches Wörterbuch, Gütersloh, 1977, Stichwort „anvertrauen".
[276] Vgl. *Duden*, Das Bedeutungswörterbuch, Mannheim, 1970, Stichwort „Vertrauen" und *Wahrig*, Deutsches Wörterbuch, Stichwort „Vertrauen".
[277] *Giese / Schunck*, Grundgesetz, Art. 92 Erl. II 4.

VII. Art. 92 und 97 f. GG (Treuepflicht des Richters)

entgegenbringt[278], so verlangt es gleichzeitig auch aktive Treue zum Staat, weil Treuebeziehungen nicht nur in einer Richtung, sondern für beide Seiten bestehen.

Diese Überlegung folgt auch aus Art. 33 Abs. 5 GG. Die Vorschrift bezieht sich zwar ausdrücklich nur auf das Berufsbeamtentum. Zu Recht wird der Geltungsbereich der hergebrachten Grundsätze des Beamtentums auch auf die Richterschaft erstreckt[279]. Die Ausdehnung des Anwendungsbereiches von Art. 33 Abs. 5 GG hat seinen Ursprung in der Entwicklungsgeschichte des unabhängigen Richtertums, das erstmals im Grundgesetz umfassend verwirklicht wurde. Bei Erlaß des Grundgesetzes galt für die Richter noch Beamtenrecht[280], und mithin unterlagen die Richter denselben Pflichten wie die Beamten, die als hergebrachte Grundsätze nach Art. 33 Abs. 5 GG Verfassungsrang beanspruchen. Dazu rechnet auch die beamtenrechtliche Treuepflicht[281].

Der Grundsatz, daß von Beamten und Richtern zu fordern ist, daß sie für die Verfassungsordnung eintreten, auf die sie vereidigt sind, ergibt sich schließlich aus der in den in Art. 92 ff. GG und vor allem in dem Instrument der Richteranklage zum Ausdruck kommenden privilegierten Stellung der Richter gegenüber sonstigen staatlichen Dienstnehmern. Je mehr die Verfassung den Bediensteten wegen ihrer besonderen Funktionen Freiheiten und Macht überläßt, desto mehr muß sie von diesen Bediensteten Staats- und Verfassungstreue fordern. Zu Recht stellte Hans Dahs in diesem Zusammenhang fest: Niemand wird leugnen, daß diese der Richterschaft anvertraute Gewalt als eine „Macht im Staate" nur einem staatsbejahenden und staatstreuen Richter anvertraut werden sollte[282]. Dieser Gedanke wird durch das Institut der Richteranklage belegt. Der Richteranklage liegt sozusagen als Korrelat der herausgehobenen Stellung des Richters[283] die Vorstellung einer besonderen politischen Verantwortlichkeit des Richters zugrunde. Die Verfassung würde sich selbst aufheben, wenn sie die Unabhängigkeit der Richter gegen sich selbst wirksam werden ließe[284]. Deshalb ist Art. 98 Abs. 2 GG eine Sicherung des Volkes dafür, daß die Richter die ungeheuren unkontrollierbaren Machtbefugnisse im Sinne des Volkes

---

[278] In diesem Sinne auch *Schmidt-Bleibtreu / Klein*, Art. 92 Rdnr. 1 m. w. N. zur Entstehungsgeschichte und *Holtkotten*, in: Bonner Kommentar, Art. 92 Erl. II 1.

[279] *Maunz-Dürig-Herzog-Scholz*, Art. 98 Rdnr. 16 ff.; *Hamann / Lenz*, Art. 97 Erl. A.; BVerfGE 12, 81, 87.

[280] *Maunz-Dürig-Herzog-Scholz*, Art. 33 Rdnr. 51 und dort Fn. 2.

[281] So ausdrücklich für *Richter* BVerfGE 39, 334, 346 und neuestens BayVGH DVBl. 1978, 745, 746.

[282] *Hans Dahs* NJW 1949, 688, 689.

[283] *Holtkotten*, in: Bonner Kommentar, Art. 98 Erl. I.

[284] *Theodor Maunz*, Deutsches Staatsrecht, § 29 II 7.

verwalten[285]. Die Vorschrift macht die politische Verantwortung des Richters deutlich, daß sein gesamtes dienstliches und außerdienstliches Verhalten geleitet sein muß vom Geist und dem Sinn der in der Verfassung bestehenden Grundwerte und hier insbesondere einer streitbaren Demokratie, für die sich ein Richter einsetzen muß[286]. Somit erlaubt die richterliche Unabhängigkeit nur eine Distanz und Neutralität bei der richterlichen Tätigkeit gegenüber den Verfahrensbeteiligten. Die richterliche Unparteilichkeit entbindet zugleich nicht von der positiven Treue zur Verfassung, weil die Unparteilichkeit nicht wertfrei, sondern im Gesamtsystem des Grundgesetzes zu betrachten ist[287].

---

[285] *Holtkotten,* in: Bonner Kommentar, Erl. II, S. 130.
[286] Vgl. *Holtkotten,* in: Bonner Kommentar, Erl. II, S. 131 und neuestens in diesem Sinne Bay VGH DVBl. 1978, 744, 750.
[287] BVerfGE 12, 81, 87; BVerfGE 42, 64, 78 und *Leibholz / Rinck,* Art. 97 Anm. 1 sowie im Ergebnis wegen des wiederholten Rückgriffs auf BVerfGE 39, 334 ff. auch *Maunz-Dürig-Herzog-Scholz,* Art. 98 Rdnr. 16 ff.

§ 4 Systematik der Grundpflichten

Faßt man die bisherigen Überlegungen zusammen, dann ergibt sich folgendes Bild. Das Grundgesetz kennt eine Reihe mehr oder wenig deutlich formulierter Grundpflichten. Sie sind in folgenden Vorschriften enthalten:

I. Übersicht

Art. 2 Abs. 1 (Rechtsgehorsamspflicht), Art. 5 Abs. 3 Satz 2 (Treuebindung des Lehrenden), Art. 6 Abs. 2 (Pflege- und Erziehungspflicht), Art. 7 Abs. 4 (Pflichten der Privatschulträger), Art. 9 Abs. 2 (Unterlassungspflicht für Vereine), Art. 12 Abs. 2 (Allgemeine Dienstleistungspflichten), Art. 12 a (Dienstleistungspflicht in den Streitkräften usw.), Art. 14 Abs. 2, 3 und 15 (Verpflichtung des Eigentums), Art. 18 (Pflicht, bestimmte Grundrechte nicht zu mißbrauchen), Art. 21 Abs. 2 (Unterlassungspflicht für Parteien), Art. 25 (Völkerrechtliche Grundpflichten), Art. 26 Abs. 1 (Unterlassungspflicht gegen ein friedliches Zusammenleben), Art. 33 Abs. 4 und 5 (Treuepflicht des Beamten), Art. 48 Abs. 2 (Pflicht zur Nichtbehinderung), Art. 56 und 64 (Eidesleistungs- und Treuepflicht) und Art. 92, 97 f. (Treuepflicht des Richters).

II. Systematik

Aus dem Blickwinkel der Verfassungssystematik[1] unterscheiden sich die Grundpflichten in mehrfacher Weise voneinander. Teilweise handelt es sich um verfassungsunmittelbare (Art. 33 Abs. 5 GG — Treuepflicht des Beamten, Art. 5 Abs. 3 GG — Treuepflicht des Forschers und Lehrers) und teilweise lediglich um verfassungsmittelbar aber im Grundgesetz anerkannte Pflichten (Art. 12 Abs. 2 und 12 a GG — Dienstleistungspflichten). Die Grundpflichten kann man ferner danach trennen, ob sie Bewohnern, jedermann[2] oder nur Männern obliegen[3]. Echte

---

[1] Eine andere systematische Einteilung der Grundpflichten findet sich bei *Detlef Merten* BayVBl. 1978, 554 ff.

[2] So auch *Horst Feldmann / Margot Geisel,* Deutsches Verfassungsrecht des Bundes und der Länder, S. 60 f. Nach *Theodor Maunz,* Deutsches Staatsrecht, § 13 III 3 und *von Mangoldt / Klein,* S. 113 gibt es nur Menschenpflichten und Bürgerpflichten.

[3] *Carl Schmitt,* Verfassungslehre, S. 175 meint, Grundpflichten seien keine Menschheitspflichten. Zu Recht spricht er von Staatsunterworfenen.

Staatsbürgerpflichten[4] hingegen sind dem Grundgesetz fremd[5]. Eine Bewohnerpflicht normiert Art. 25 GG mit der Verpflichtung, die allgemeinen Regeln des Völkerrechts zu beachten. Eine Jedermann-Pflicht ist die öffentliche Dienstleistungspflicht (Art. 12 Abs. 2 GG) und eine typische Männer-Grundpflicht ist die Wehrpflicht (Art. 12 a GG).

Ausnahmsweise knüpft das Bestehen einer Grundpflicht an die Ausübung eines Berufes[6], eines Amtes oder an eine sonstige Tätigkeit an. Dies gilt für die Treuepflicht der Lehrenden und der Beamten (Art. 5 Abs. 3 und 33 Abs. 4 GG) sowie die sonstigen im Grundgesetz erwähnten Amtsträgerpflichten (Art. 56 und 64 GG). Man kann sie als besondere Grundpflichten bezeichnen, weil sie eine spezielle Inpflichtnahme eines bestimmten Personenkreises bezwecken.

Die Grundpflichten nach dem Grundgesetz lassen sich weiter in primäre und sekundäre Pflichten einteilen. Eine Primärpflicht ist die Pflicht zum Dienst in den Streitkräften. Sie ist nicht alternativ gegenüber der Pflicht zu zivilen Dienstleistungen nach Art. 12 a Abs. 3 GG[7]; zivile Dienste können vielmehr nur hilfsweise geleistet werden.

Gelegentlich sind Grundpflichten die Kehrseite aus Grundrechten (Art. 14 Abs. 2: Eigentum verpflichtet), und noch seltener sind Grundrechte und Grundpflicht miteinander unlösbar verbunden wie z. B. bei der Erziehungsgewalt der Eltern[8]. Meistens bestehen Grundpflichten unabhängig von unmittelbar damit zusammenhängenden Grundrechtsgewährleistungen. Man denke nur an die völkerrechtlichen Grundpflichten. Im Hinblick auf Art. 33 Abs. 1 GG kann man weiter nach Bundes- und Landesgrundpflichten differenzieren[9].

Grundpflichten müssen nicht unbedingt den Staat als Ganzes berechtigen. Sie bestehen teilweise zum Schutz einzelner Organe und Organteile der Staatsgewalt. So verhält es sich mit der in Art. 48 Abs. 2 GG niedergelegten Pflicht, Abgeordnete bei der Mandatsausübung nicht zu hindern.

---

[4] Vgl. zu diesem Begriff näher *Klaus Stern*, Staatsrecht, S. 208.

[5] a. M. ohne nähere Begründung *Detlef Merten* BayVBl. 1978, 554, 559, der von Menschen- und Bürgerpflichten spricht.

[6] Vgl. *Günther Küchenhoff / Erich Küchenhoff*, Allgemeine Staatslehre, 8. Aufl., Stuttgart, 1977, S. 73.

[7] *K. Ipsen / I. Ipsen*, in: Bonner Kommentar, Art. 12 a Rdnr. 4; BVerfG DVBl. 1978, 394 f.

[8] BVerfGE 24, 119 ff., 143 und im Anschluß daran *Hans H. Klein*, Über Grundpflichten, Der Staat, Band 14, 1975, 153, 156.

[9] Man denke nur an die Schulpflicht und die Pflicht zur Ausübung von Ehrenämtern. Vgl. zu dieser Einteilung *Detlef Merten* BayVBl. 1978, 554, 559.

II. Systematik

Grundpflichten können als ständige Pflichten und als Notpflichten ausgestaltet sein[10]. Notpflichten sind nach Art. 12 Abs. 2 GG in Form der gemeindlichen Hand- und Spanndienste zulässig. Grundpflichten sind einmal auf ein positives Tun (Art. 12 Abs. 2, Art. 12 a GG) oder ein Eintreten für den Staat (Art. 33 Abs. 4 und 5 GG), ein anderes Mal auf ein Unterlassen (Art. 9 Abs. 2, Art. 21 Abs. 2 GG) und ausnahmsweise auf ein Dulden (Art. 14 Abs. 3 GG) gerichtet[11].

In der Regel sind Grundpflichten höchstpersönlich zu erbringen (z. B. öffentliche Dienstleistungspflichten). Aus dem Satz „Eigentum verpflichtet" ist freilich zu entnehmen, daß das Grundgesetz auch dingliche oder sachliche Grundpflichten anerkennen will. Dazu wird man ebenfalls die Abgabenpflicht rechnen dürfen[12]. Im weiteren Sinne fallen in diese Kategorie die Grundpflichten von Institutionen, auf die in Art. 9 Abs. 2 und Art. 21 Abs. 2 GG (Vereine, Parteien) hingewiesen wird.

---

[10] Vgl. *Günther Küchenhoff / Erich Küchenhoff*, Allgemeine Staatslehre, 8. Aufl., Stuttgart, 1977, S. 73; *Gerd Roellecke* (DÖV 1978, 457, 461) unterscheidet bezüglich des Verfassungsschutzes sogar drei Ebenen: Die Ebene der Normalität (z. B. Art. 9 Abs. 2), die Ebene des Ausnahmezustandes (Art. 91 und 87 a Abs. 4) und auf der dritten Ebene z. B. Art. 21 Abs. 2 und Art. 98 Abs. 2.

[11] Vgl. zu dieser Unterscheidung *von Mangoldt / Klein*, S. 77.

[12] Zur Unterscheidung von persönlichen und sachlichen Grundpflichten vgl. *von Mangoldt / Klein*, S. 110 f. und *Horst Feldmann / Margot Geisel*, Deutsches Verfassungsrecht des Bundes und der Länder, S. 61.

§ 5 Rechtsfolgen bei Grundpflichtverletzungen und ihre Geltendmachung

Ist das Grundgesetz schon recht zurückhaltend bei der Aufrichtung von Grundpflichten, dann trifft dies in verstärktem Maße für die Festlegung von Rechtsfolgen für den Fall einer Verfassungspflichtverletzung zu. Obwohl die Auferlegung von Grundpflichten im Grunde genommen nur sinnvoll ist, wenn ihre Verletzung mit verfassungsrechtlichen Sanktionen verbunden ist, handelt es sich bei einigen Grundpflichten lediglich um schlichte Aufforderungen zu einem nicht durchsetzbaren Wohlverhalten gegenüber dem Staat und seiner Rechtsordnung. Musterbeispiel hierfür ist die in Art. 2 Abs. 1 GG zum Ausdruck kommende Rechtsgehorsamspflicht, deren Nichtbeachtung keine verfassungsrechtlichen Konsequenzen nach sich zieht. Wenn überhaupt, wird ein Verstoß auf der Ebene des einfachen Gesetzesrechts geahndet, indem der Gesetzgeber die Erfüllung bestimmter Tatbestände mit Strafen[1] oder Bußgeldern belegt und die Wahrnehmung bestimmter Pflichten — wie der Wehrpflicht — mit Verwaltungszwang durchsetzt.

Daneben hält die Verfassung ein abgestuftes Instrumentarium bereit, um die Befolgung von Grundpflichten sicherzustellen[2]. Dabei scheidet allerdings die wohl härteste Maßnahme, die Entziehung der deutschen Staatsangehörigkeit, aus. Art. 16 Abs. 1 Satz 1 GG verbietet diese Rechtsfolge expressis verbis und ohne Einschränkung gegen den Willen des davon Betroffenen[3]. Das wohl wichtigste — freilich in der Verfassungspraxis kaum benutzte — Mittel[4] gegen die Verletzung von Grundpflichten ist die Verwirkung einzelner in Art. 18 GG abschließend auf-

---

[1] So zu Recht *Hans Schneider*, NJW 1954, 941. In diesem Zusammenhang ist beispielsweise zu denken an das strafrechtliche Verbot der verfassungsfeindlichen Einwirkung auf die Bundeswehr und öffentliche Sicherheitsorgane (§ 89 StGB — Vgl. hierzu BVerfG NJW 1978, 1047 und allgemein *Klaus Stern*, Staatsrecht, § 6 I 1 und III 4).

[2] *Gerd Roellecke* (DÖV 1978, 457, 461) unterscheidet drei Ebenen des Verfassungsschutzes: die Ebene der Normalität, die Ebene des Ausnahmezustandes und die Ebene der Art. 18, 21 Abs. 2 und 98 Abs. 2 GG.

[3] Zu Recht weist *Gerd Roellecke* (DÖV 1978, 457, 460) darauf hin, daß die Bundesrepublik mit ihren Revolutionären leben muß und auch lebt, wie das Ausbürgerungsverbot und die Abschaffung der Todesstrafe (Art. 102 GG) zeigen.

[4] Zu Art. 18 GG sind erst zwei Verfahren anhängig gewesen, die freilich nicht zu einer Grundrechtsverwirkung geführt haben. Siehe dazu *Leibholz / Rinck*, Art. 18 Rdnr. 2 am Ende.

§ 5 Rechtsfolgen bei Grundpflichtverletzungen und ihre Geltendmachung 79

gestellter Grundrechte zum Schutz des Staates vor extremen Verfassungsfeinden[5]. Zwar betrifft diese Staatsschutzbestimmung grammatikalisch gesehen nur den Mißbrauch von Grundrechten — wie z. B. der in Art. 5 Abs. 3 GG garantierten Lehrfreiheit — gegen die freiheitlich demokratische Grundordnung. Seinem Wesen nach will jedoch Art. 18 GG auch Verstöße gegen Grundpflichten „bestrafen", weil die Verwirkung eines Grundrechts als politische Stillhaltepflicht[6] Folge einer Pflichtverletzung beim Gebrauch dieses Grundrechts ist, wie bereits oben dargestellt wurde[7].

Neben der Verwirkung von Grundrechten sieht das Grundgesetz vor, daß Vereinigungen und Parteien, deren Zwecke oder deren Tätigkeit sich u. a. gegen die verfassungsmäßige Ordnung richten, verboten bzw. verfassungswidrig sind (Art. 9 Abs. 2, 21 Abs. 2 GG). Mit dieser Feststellung hat der Verfassungsgeber zum Ausdruck gebracht, daß die Mißachtung der Grundpflicht, die freiheitliche demokratische Grundordnung nicht zu bekämpfen[8], den Freiheitsschutz der Verfassung nicht beanspruchen kann. Vielmehr ist der Staat von der Verfassung ermächtigt und berechtigt, gegen solche Zusammenschlüsse vorzugehen[9].

Da die Vereinigungsfreiheit im Gegensatz zur Freiheit, eine Partei zu gründen, nach Art. 18 GG verwirkbar ist, bedarf es noch einer Stellungnahme zum Verhältnis der Rechtsfolge eines Vereinigungsverbots und einer Verwirkung zueinander. Es liegt nahe, daß der Verfassungsgeber mit der Normierung einer Sanktion in Art. 9 Abs. 2 GG gleichzeitig zum Ausdruck bringen wollte, das Verbot der konkreten Vereinigung solle diejenige Maßnahme sein, die im Normalfall die Pflichtverletzung unterbinde. Unabhängig davon ist die Verwirkung der Vereinigungsfreiheit als solcher gegenüber dem Verbot einer konkreten Vereinigung umfassender, weil sie intensiver in die Rechtsstellung der Betroffenen eingreift. Deshalb gebietet der verfassungsrechtliche Satz der Verhältnismäßigkeit, daß sich der Staat in der Regel auf ein Vereinigungsverbot im Sinne des Art. 9 Abs. 2 GG beschränkt, das ausreichend ist, um eine Gefahr für die verfassungsmäßige Ordnung zu bannen[10].

---

[5] Siehe allgemein dazu *Klaus Stern*, Staatsrecht, § 6 IV.
[6] Siehe zu dieser Terminologie *Maunz-Dürig-Herzog-Scholz*, Art. 18 Rdnr. 17.
[7] Vgl. zum Begriff des Mißbrauchs im Sinne des Art. 18 GG: *Klaus Stern*, Staatsrecht, § 6 IV 5 und zur Grundpflichtigkeit der Grundrechte *Willi Geiger*, Grundrechte und Rechtsprechung, München, 1959, S. 53.
[8] Vgl. im einzelnen *Klaus Stern*, Staatsrecht, § 6 V 4 und 8.
[9] Zum Verhältnis von Art. 9 Abs. 2 und Art. 21 Abs. 2 GG siehe BVerfGE 17, 155, 166.
[10] So auch BVerfGE 13, 174; *Maunz-Dürig-Herzog-Scholz*, Art. 9 Rdnr. 67. Siehe zum Problemkreis auch *Matthey*, in: I. v. Münch, Art. 18 Rdnr. 29 f.

Eine weitere Sanktionsmöglichkeit eröffnet Art. 6 Abs. 3 GG für den Fall, daß die Eltern bei der ihnen obliegenden Pflege- und Erziehungspflicht der Kinder versagen oder wenn die Kinder aus anderen Gründen zu verwahrlosen drohen. Dann besteht aufgrund einer verfassungsrechtlichen Ermächtigung für den Staat die Möglichkeit, die Kinder von der Familie zu trennen.

Der Verstoß eines Amtsträgers gegen Grundpflichten löst unterschiedliche Rechtsfolgen aus. Sie sind ausdrücklich und abschließend nur für den Bundespräsidenten und die Bundesrichter geregelt. So kann der Bundespräsident wegen vorsätzlicher Verletzung der Eidesleistungs- und Treuepflicht seines Amtes für verlustig erklärt werden (Art. 61 GG), während für Richter drei Alternativen vorgesehen sind: die Versetzung in ein anderes Amt, die Versetzung in den Ruhestand und die Entlassung (Art. 98 Abs. 2 GG)[11]. Für Beamte fehlt eine derartig abgestufte Palette von möglichen Rechtsfolgen bei Verletzung der Treuepflicht gegenüber ihrem Dienstherrn. Das bedeutet aber nicht, daß für Beamte ebenfalls zu prüfen ist, ob sie in einem anderen Amt verwendet werden können. Vielmehr kann bei Beamten auf Lebenszeit wegen dieser Dienstpflichtverletzung im förmlichen Disziplinarverfahren auf Entfernung aus dem Dienst erkannt und andere Beamte können sofort aus dem Amt entlassen werden[12], da das Grundgesetz die Einhaltung der Prüfungsreihenfolge des Art. 98 Abs. 2 GG nur für Richter vorschreibt.

Die Geltendmachung von Grundpflichtverletzungen ist dem Staat — als Berechtigtem[13] aus den Grundpflichten — vorbehalten. Da es eine allgemeine Grundpflichtklage oder -beschwerde nicht gibt, erfolgt die Geltendmachung auf unterschiedliche Weise. Man darf freilich festhalten, daß die Verfahren allgemein beim Bundesverfassungsgericht konzentriert sind. Es hat sowohl das Entscheidungsmonopol über den Ausspruch von Verwirkungen (Art. 18 GG) als auch über die Feststellung, ob ein Bundespräsident (Art. 61 GG), ein Bundesrichter (Art. 98 Abs. 2 GG) oder eine Partei (Art. 21 Abs. 2 GG) gegen Grundpflichten verstoßen haben. Hingegen sind Vereinigungen, die sich gegen die verfassungsmäßige Ordnung richten, unmittelbar verboten. Einer Entscheidung des Bundesverfassungsgerichts bedarf es also nicht. Vielmehr ist eine Vereinigung als verboten zu behandeln, wenn die zuständige Verwaltungsbehörde eine Verbotsverfügung erläßt (§§ 3 ff. VereinsG). Auch im übrigen werden Grundpflichtverletzungen durch einfachgesetzlichen Erlaß von Verwaltungsakten — z. B. Entlassung eines Beamten — geltend gemacht und durchgesetzt.

---

[11] Vgl. dazu näher *Gerd Roellecke*, DÖV 1978, 457, 461.
[12] Siehe BVerfGE 39, 334, 350.
[13] So zu Recht *Detlef Merten*, BayVBl. 1978, 555 und *Maunz-Dürig-Herzog-Scholz*, Art. 18 Rdnr. 18.

§ 5 Rechtsfolgen bei Grundpflichtverletzungen und ihre Geltendmachung

Ist ein Land nicht mehr bereit oder in der Lage, Grundpflichtverletzungen zu bekämpfen, dann kann die Bundesregierung die Polizei in diesem Lande und die Polizeikräfte anderer Länder ihren Weisungen unterstellen, sowie Einheiten des Bundesgrenzschutzes einsetzen (Art. 91 Abs. 2 GG)[14]. Als ultima ratio, das heißt, wenn der Staat und seine Organe überhaupt nicht mehr gegen Grundpflichtverletzungen ankommen, besteht für den einzelnen Bürger die Möglichkeit, gegen Grundpflichtverstöße vorzugehen. Die rechtliche Grundlage dafür bietet das Widerstandsrecht Art. 20 Abs. 4 GG für den Fall, daß es jemand unternimmt, die verfassungsmäßige Ordnung zu beseitigen[15].

---

[14] Vgl. dazu *Klaus Stern*, Staatsrecht, § 19 III 6.
[15] Kritisch *Klaus Stern*, Staatsrecht, § 6 II 9.

§ 6 Grundpflichtfähigkeit und -handlungsfähigkeit

Der Staat hat nur dann einen Anspruch auf das mit einer Grundpflicht verbundene bestimmte Tun, Dulden oder Unterlassen, wenn der Adressat der Grundpflicht die entsprechenden Fähigkeiten besitzt, um die Pflicht zu erfüllen. Dabei ist zu unterscheiden zwischen der Grundpflichtfähigkeit und der Grundpflichthandlungsfähigkeit.

Die Grundpflichtfähigkeit hängt eng mit der Grundrechtsfähigkeit[1] zusammen. Beide Begriffsbildungen gehen mangels verfassungsrechtlicher Sonderregelung auf das Bürgerliche Recht und dort auf die Bezeichnung Rechtsfähigkeit zurück. Darunter versteht das Gesetz die Fähigkeit einer Person, Subjekt von Rechtsverhältnissen, daher Inhaber von Rechten und Adressat von Rechtspflichten zu sein[2]. Da die Rechtsfähigkeit somit die Fähigkeit einschließt, Träger von Pflichten zu sein, folgt aus der Grundrechtsfähigkeit zugleich die Fähigkeit, Träger von Grundpflichten zu sein. Dieses Ergebnis läßt sich auch aus Art. 33 Abs. 1 GG gewinnen[3]. Die Grundpflichtfähigkeit ist also ein Unterfall der Grundrechtsfähigkeit.

Ebenso wie das Bürgerliche Recht differenziert auch das Verfassungsrecht zwischen der allgemeinen und der besonderen Rechts- und Pflichtfähigkeit. Die Grundpflichtfähigkeit beginnt in der Regel mit der Geburt (Art. 33 Abs. 1 GG, § 1 BGB). Musterbeispiel für eine besondere Grundrechtsfähigkeit ist das in Art. 38 Abs. 2 GG aufgestellte Alterserfordernis zur Ausübung des Wahlrechts[4]. Eine ausdrückliche Altersgrenze im Zusammenhang mit einer Grundpflicht stellt unmittelbar Art. 12 a GG für die Erfüllung der Wehrpflicht auf. Mittelbar kommt die besondere Grundpflichtfähigkeit in Art. 54 Abs. 1 i. V. m. Art. 56 GG

---

[1] Vgl. zur Grundrechtsfähigkeit und Grundrechtsmündigkeit allgemein: *Gustav Kuhn*, Grundrechte und Minderjährige, Neuwied, 1965; *Ursula Fehnemann*, Über die Ausübung von Grundrechten durch Minderjährige, in: RdJB 1967, 281 ff.; *Dieter Reuter*, Kindesgrundrechte und elterliche Gewalt, 1968; *derselbe*, Die Grundrechtsmündigkeit, Problem oder Scheinproblem, RdJB 1969, 622 ff.; *Erich Steffen*, Grundrechtsmündigkeit, RdJB 1971, 143 ff. und BVerfGE 39, 1, 41 (Grundrechtsfähigkeit des nasciturus); *Maunz-Dürig-Herzog-Scholz*, Art. 19 Abs. 3 Rdnr. 13 ff. m. w. N. zu Spezialliteratur; *Ekkehart Stein*, Staatsrecht, § 24 IV.

[2] *Karl Larenz*, Allgemeiner Teil des deutschen Bürgerlichen Rechts, 3. Aufl., München, 1975, § 5 I.

[3] Vgl. auch *Rolf Stober*, Schüler als Amtshelfer, Berlin, 1972, S. 100.

[4] Siehe dazu *Maunz-Dürig-Herzog-Scholz*, Art. 19 Abs. III Rdnr. 13.

zum Ausdruck. Denn die Eidesleistungs- und Treuepflicht des Bundespräsidenten setzt voraus, daß er das vierzigste Lebensjahr überschritten hat. Unabhängig von einer festgelegten Altersgrenze fehlt die Grundpflichtfähigkeit in solchen Fällen, in denen die Grundpflicht Folge einer bestimmten Eigenschaft ist, die nicht automatisch mit der Geburt zusammenfällt[5]. Man denke nur an die Erziehungspflicht der Eltern (Art. 6 Abs. 2 GG), die an die Elterneigenschaft anknüpft. Ähnlich verhält es sich mit der beamtenrechtlichen Treuepflicht, welche die Begründung eines Beamtenverhältnisses mit dem Staat oder einem anderen Dienstherrn und damit die allgemeine Amtsfähigkeit[6] voraussetzt.

Unklar ist hingegen, wann die in Art. 12 Abs. 2 GG normierte Dienstleistungspflicht beginnt. Hier wird man davon ausgehen müssen, daß die Grundpflichtfähigkeit eine Rechtseigenschaft des potentiellen Müssens bzw. Nichtdürfens und nicht eine natürlich-tatsächliche Eigenschaft des aktuellen Könnens bzw. Nichtkönnens meint[7]. Ebensowenig wie die fehlende natürliche Handlungsfähigkeit die allgemeine Rechts- und Pflichtfähigkeit beeinträchtigen kann, beschränkt die fehlende natürliche Handlungsfähigkeit die Grundrechts- und Pflichtfähigkeit. Das gilt vor allem für die aus dem Eigentum erwachsenden Grundpflichten.

Mit diesem Hinweis ist schon angezeigt, daß auch im Bereich der Grundpflichten die Grundpflichtfähigkeit von der Grundpflichthandlungsfähigkeit zu trennen ist. Die Handlungsfähigkeit wird im allgemeinen definiert als die Fähigkeit, durch eigenes Handeln Rechtswirkungen hervorzubringen[8]. Sie wird unterteilt in Geschäftsfähigkeit oder Mündigkeit und in Verantwortlichkeit, im Zivilrecht als Deliktsfähigkeit bekannt[9]. Die Grundpflichtmündigkeit als die Fähigkeit, Grundpflichten selbständig erfüllen zu können, dürfte beispielsweise für die aus dem Eigentum fließenden Grundpflichten eine Rolle spielen. Solange der Betroffene noch nicht volljährig ist, nehmen grundsätzlich die Erziehungsberechtigten die Pflichten für den Minderjährigen wahr[10].

---

[5] Ebenso *Maunz-Dürig-Herzog-Scholz*, Art. 19 Abs. III Rdnr. 13. Hingegen meint *Konrad Hesse*, Grundzüge des Verfassungsrechts der Bundesrepublik Deutschland, § 9 II 2, es lasse sich verfassungsrechtlich nicht begründen, daß Minderjährige in der Innehabung und Ausübung von Grundrechten allgemein beschränkt seien.

[6] Vgl. *Rolf Stober*, Schüler als Amtshelfer, Berlin, 1972, S. 101 ff.

[7] So auch *Dürig*, in: Maunz-Dürig-Herzog-Scholz, Art. 19 Abs. 3 Rdnr. 13 für die Grundrechtsfähigkeit.

[8] *Palandt*, Einführung 1 vor § 1 BGB. Ebenso für den Bereich der Grundrechtsmündigkeit *Ekkehart Stein*, Staatsrecht § 24 IV 1.

[9] *Karl Larenz*, Allgemeiner Teil des deutschen Bürgerlichen Rechts, 3. Aufl., München, 1975, § 6 I, IV.

[10] So jeweils für die Grundrechtsmündigkeit: *Maunz-Dürig-Herzog-Scholz*, Art. 14 Rdnr. 13; *Dicke*, in: I. v. Münch, Art. 14 Rdnr. 8; *Ekkehart Stein*, Staatsrecht, § 24 IV 3.

Sind Grundpflichten höchstpersönlich zu erbringen, dann kommt eine Pflichtenstellvertretung durch die Eltern nicht in Betracht. Fallen Grundpflichtfähigkeit und Grundpflichthandlungsfähigkeit nicht — wie bei Art. 12 a Abs. 1 GG — zeitlich zusammen, dann dürfte es darauf ankommen, ab welchem Zeitpunkt der einzelne handlungsfähig im Sinne von selbstverantwortlich ist. Eine allgemeingültige Antwort kann man nicht geben. Am ehesten dürfte es angemessen sein, an die Regeln des BGB — z. B. über die deliktische Verantwortlichkeit — anzuknüpfen, wenn es um die Frage geht, ab welchem Alter jemand verantwortlich im Sinne des Art. 18 GG gemacht werden kann. Demnach dürfte der Ausspruch einer Verwirkung gegenüber Minderjährigen nur zulässig sein, wenn sie beim Kampf gegen die freiheitliche demokratische Grundordnung über Einsichtsfähigkeit verfügten.

Literaturverzeichnis

Arnold, R.: Verfassungstreue und Grundgesetz, BayVBl. 1978, 520 ff.
Berber, F.: Lehrbuch des Völkerrechts, Band 1, Allgemeines Friedensrecht, 2. Aufl., München, 1975
Bericht: Bericht über den Verfassungskonvent auf Herrenchiemsee vom 10. bis 23. August 1948, München, 1948
Bertermann, U.: Der Einfluß des Abgeordnetenmandats auf Dienst-, Arbeits- und Gesellschaftsverträge, BB 1967, 270 ff.
Bonner Kommentar: Kommentar zum Bonner Grundgesetz, von Abraham, Badura u. a., Hamburg, 1950 ff. Stand 1977
(zit.: Bearbeiter, in: Bonner Kommentar)
Bräutigam, H.: Aspekte der Grundrechtsverwirklichung im Wehrpflichtrecht, in: Verwaltungsrecht zwischen Freiheit, Teilhabe und Bindung, Festgabe aus Anlaß des 25jährigen Bestehens des Bundesverwaltungsgerichts, Herausgegeben von Bachof, Heigl und Redeker, München, 1978, S. 77 ff.
(zit.: Bräutigam, Festgabe)
Breuer, R.: Grundrechte als Anspruchsnormen, in: Verwaltungsrecht zwischen Freiheit, Teilhabe und Bindung, Festgabe aus Anlaß des 25jährigen Bestehens des Bundesverwaltungsgerichts, Herausgegeben von Bachof, Heigl und Redeker, München, 1978, S. 89 ff.
(zit.: Breuer, Grundrechte als Anspruchsnormen, Festgabe)
Brinkmann, K.: Grundrechts-Kommentar zum Grundgesetz für die Bundesrepublik Deutschland, Bonn, 1967 ff.
(zit.: Brinkmann, Grundrechts-Kommentar)
Dahm, G.: Deutsches Recht, 2. Aufl., Stuttgart, 1963
(zit.: Dahm, Deutsches Recht)
Dahs, H.: Die Stellung des Richters im Bonner Grundgesetz, NJW 1949, 688 ff.
Denninger, E.: Freiheitsordnung — Wertordnung — Pflichtordnung, JZ 1975, 545 ff.
— Verfassungstreue und Schutz der Verfassung, Leitsätze zu den Beratungsgegenständen der Staatsrechtslehrertagung 1978 in Bonn, DÖV 1978, 798 ff.
Doehring, K.: Staatsrecht der Bundesrepublik Deutschland, Frankfurt, 1976
(zit.: Doehring, Staatsrecht)
— Die allgemeinen Regeln des völkerrechtlichen Fremdenrechts und des deutschen Verfassungsrechts, Köln, 1963
v. Doemming / Füsslein / Matz (Bearbeiter): Entstehungsgeschichte der Artikel des Grundgesetzes, JÖR, N.F. Band 1, Tübingen, 1951
Duden: Das Bedeutungswörterbuch, Mannheim, 1970.
Fehnemann, U.: Bemerkungen zum Elternrecht in der Schule, DÖV 1978, 489 ff.
— Über die Ausübung von Grundrechten durch Minderjährige, in: RdJB 1967, 281 ff.

Feldmann, H. / *Geisel*, M.: Deutsches Verfassungsrecht des Bundes und der Länder, Stuttgart, 1954
(zit.: Feldmann / Geisel, Deutsches Verfassungsrecht des Bundes und der Länder)

Geiger, W.: Grundrechte und Rechtsprechung, München, 1959

Giese / Schunck: Grundgesetz, 9. Aufl., Frankfurt, 1976
(zit.: Giese / Schunck, Grundgesetz)

Giesing, Hans-H.: Abgeordnetenmandat und Gesellschaftsvertrag, DÖV 1967, 401 ff.

Häberle, P.: Grundrechte im Leistungsstaat, VVDStRL Heft 30, 1972, S. 109 ff.
(zit.: Häberle, VVDStRL)
— Die Wesensgehaltsgarantie des Art. 19 Abs. 2 Grundgesetz, 2. Aufl., Karlsruhe, 1972

Hahnenfeld: Wehrpflichtgesetz, Kommentar, München, Stand 1978
(zit.: Hahnenfeld, Wehrpflichtgesetz)

Hamann / Lenz: Das Grundgesetz für die Bundesrepublik Deutschland, 3. Aufl., Neuwied, 1970
(zit.: Hamann / Lenz)

Heinz, K. E.: Über den Charakter von „Grundrechten" und „Menschenrechten", DÖV 1978, 398 ff.

Hesse, K.: Grundzüge des Verfassungsrechts der Bundesrepublik Deutschland, 10. Aufl., Heidelberg, 1977
(zit.: Hesse, Grundzüge des Verfassungsrechts in der Bundesrepublik Deutschland)

von Heyl, A.: Wahlfreiheit und Wahlprüfung, Berlin, 1975

Heyland, C.: Zur Auslegung des Art. 33 Abs. 5 des Bonner Grundgesetzes, DÖV 1951, 463 ff.

Jasper, G.: Die Krise der streitbaren Demokratie, DVBl. 1978, 725 ff.

Ipsen, Hans-P.: Enteignung und Sozialisierung, VVDStRL 10, 74 ff.

Ipsen, I.: Wehrdienst, Ersatzdienst und Pflichtengleichheit, ZRP 1978, 153 ff.

Isensee, I.: Der Beamte zwischen Parteifreiheit und Verfassungstreue, JuS 1973, 265 ff.

Kickartz, P.: Grundrechtsschutz und Umverteilung, JuS 1978, 528 ff.

Kimminich, O.: Deutsche Verfassungsgeschichte, Frankfurt, 1970
(zit.: Kimminich, Deutsche Verfassungsgeschichte)

Klein, E.: Diplomatischer Schutz und grundrechtliche Schutzpflicht, DÖV 1977, 704 ff.

Klein, Hans H.: Verfassungstreue und Schutz der Verfassung, Leitsätze zu den Beratungsgegenständen der Staatsrechtslehrertagung 1978 in Bonn, DÖV 1978, 800 f.
— Die Grundrechte im demokratischen Staat, res publica, Band 26, Stuttgart, 1974
(zit.: Klein, Die Grundrechte im demokratischen Staat)
— Über Grundpflichten, in: Der Staat, Band 14, 1975, S. 153 ff.

Koellreutter, O.: Deutsches Staatsrecht, Stuttgart, 1953
(zit.: Koellreutter, Deutsches Staatsrecht)

Küchenhoff, G. / *Küchenhoff*, E.: Allgemeine Staatslehre, 8. Aufl., Stuttgart, 1977

Kuhn, G.: Grundrechte und Minderjährige, Neuwied, 1965

Lameyer, J.: Streitbare Demokratie, Berlin, 1978

Landsberg / Goetz: Verfassung von Berlin, Berlin, 1951
(zit.: Landsberg / Goetz, Verfassung von Berlin)

Larenz, K.: Allgemeiner Teil des deutschen Bürgerlichen Rechts, 3. Aufl., München, 1975

Lassally, O.: Schranken der Grundrechte, MDR 1953, 76 ff.

Laubinger, Hans-W.: Die Treuepflicht der Beamten im Wandel der Zeiten, in: Öffentlicher Dienst, Festschrift für Carl Hermann Ule zum 70. Geburtstag, Köln, 1977, S. 89 ff.
(zit.: Laubinger, Öffentlicher Dienst)

Leibholz / Rinck: Grundgesetz für die Bundesrepublik Deutschland, Kommentar, 5. Aufl., Köln, 1975
(zit.: Leibholz / Rinck)

Lenz, Carl O.: Notstandsverfassung des Grundgesetzes, Kommentar, Frankfurt, 1971

v. Mangoldt, H.: Das Bonner Grundgesetz, Berlin, 1953

v. Mangoldt / Klein: Das Bonner Grundgesetz, Kommentar, 2. Aufl., Berlin, 1957, 1964
(zit.: v. Mangoldt / Klein)

Martens, W.: Grundrechte im Leistungsstaat, VVDStRL 30, 7 ff.
— Grundgesetz und Wehrverfassung, Hamburg, 1961
(zit.: Martens, Grundgesetz und Wehrverfassung)

Maunz, T.: Deutsches Staatsrecht, 21. Aufl., München, 1977
(zit.: Maunz, Deutsches Staatsrecht)

Maunz-Dürig-Herzog-Scholz: Grundgesetz-Kommentar, München, Stand 1978
(zit.: Maunz-Dürig-Herzog-Scholz)

Maurer, H.: Die Mitgliedschaft von Beamten in verfassungsfeindlichen Parteien und Organisationen, NJW 1972, 601 ff.

Mayer-Tasch, P. C.: Die Verfassungen Europas, 2. Aufl., München, 1975

Merten, D.: Grundpflichten im Verfassungssystem der Bundesrepublik Deutschland, BayVBl. 1978, 554 ff.

Model / Müller: Grundgesetz, 8. Aufl., Köln, 1976
(zit.: Model / Müller, Grundgesetz)

Montesquieu, C.-L.: Vom Geist der Gesetze, herausgegeben von Ernst Forsthoff, Tübingen, 1951

von Münch, I.: Öffentlicher Dienst, in: Ingo von Münch, Besonderes Verwaltungsrecht, 4. Aufl., Berlin, 1976
(zit.: von Münch, Öffentlicher Dienst)
— Hrsg.: Grundgesetz, Kommentar, Band 1 - 3, Frankfurt/München, 1974 ff.
(zit.: Bearbeiter, in: I. v. Münch)

Nawiasky, H.: Die Grundgedanken des Grundgesetzes für die Bundesrepublik Deutschland, Stuttgart, 1950

Nawiasky-Leusser-Schweiger-Zacher: Die Verfassung des Freistaates Bayern, Kommentar, München, 1976
(zit.: Nawiasky-Leusser)

Nebinger, R.: Kommentar zur Verfassung von Württemberg-Baden, Stuttgart, 1948

Nipperdey, H. C.: Die Würde des Menschen, Freie Entfaltung der Persönlichkeit, jeweils in: Neumann-Nipperdey-Scheuner, Die Grundrechte, Handbuch der Theorie und Praxis der Grundrechte, Band II und IV/2, Berlin, 1954 und 1962
(zit.: Nipperdey, Grundrechte Band II oder IV/2)

Palandt: Bürgerliches Gesetzbuch, 38. Aufl., München, 1979
(zit.: Palandt)

Parlamentarischer Rat: Verhandlungen des Parlamentarischen Rates, Stenographischer Bericht, Bonn, 1949

Peters, H.: Dienste für den Staat, in: Nipperdey, Die Grundrechte und Grundpflichten der Reichsverfassung, Band II, S. 290 ff., Berlin, 1930
(zit.: Peters, Die Grundrechte)

Redeker, K.: Anmerkung zu einer Entscheidung des BVerfG, in: NJW 1978, 937 f.

Rennert, M.: Die Bindung des Hochschullehrers durch die Treueklausel des Art. 5 Abs. 3 GG, Diss. jur., Heidelberg, 1973

Reuter, D.: Kindesgrundrechte und elterliche Gewalt, 1968
— Die Grundrechtsmündigkeit — Problem oder Scheinproblem, FamRZ 1969, 622 ff.

Roellecke G.: Gibt es ein „Recht auf den Tod"?, Euthanasie als human- und sozialwissenschaftliches Problem, herausgegeben von Albin Eser unter Mitarbeit von Peter Bringewat, Stuttgart, 1968, S. 336 ff.
(zit.: Roellecke, Gibt es ein „Recht auf den Tod"?)
— Prinzipien der Verfassungsinterpretation in der Rechtsprechung des Bundesverfassungsgerichts, in: Bundesverfassungsgericht und Grundgesetz, Tübingen, 1977
— Die Bindung des Richters an Gesetz und Verfassung, VVDStRL Heft 34, Berlin, 1976, S. 9 ff.
— Verfassungstreue und Schutz der Verfassung, DÖV 1978, 457 ff.
— Die Exekutionsmacht des Lehrers und ihre Rechtfertigung, DÖV 1976, 515 ff.
— Grundbegriffe des Verwaltungsrechts, Stuttgart, 1972

Roth-Stielow, K.: Grundgesetz und Rechtsanwendung, München, 1972

Rupp, Hans H.: Die verfassungsrechtliche Seite des Umweltschutzes, JZ 1971, 401 ff.

Saladin, P.: Unternehmen und Unternehmer in der verfassungsrechtlichen Ordnung der Wirtschaft, VVDStRL 35, 7 ff.

Schenke, Wolf-R.: Die Verfassungsorgantreue, Berlin, 1977

von Schlabrendorff, F.: Friedensgebot und Gewissen, zur Auslegung des Art. 26 GG, in: Festschrift für Gebhard Müller, zum 70. Geburtstag, herausgegeben von Theo Ritterspach und Willi Geiger, Tübingen, 1970
(zit.: v. Schlabrendorff, Friedensgebot und Gewissen)

Schlink, B.: Zwischen Identifikation und Distanz, Der Staat, Band 15, 1976, S. 335 ff.

Schmidt-Bleibtreu / Klein: Kommentar zum Grundgesetz, 4. Aufl., Neuwied, 1977
(zit.: Schmidt-Bleibtreu / Klein)

Schmitt, C.: Grundrechte und Grundpflichten, in: Verfassungsrechtliche Aufsätze, 2. Aufl., Berlin, 1973, S. 181 ff.
(zit.: Grundrechte und Grundpflichten)

— Verfassungslehre, 5. Aufl., Berlin, 1970
(zit.: Schmitt, Verfassungslehre)

Schmitt, Walter O.: Lehrfreiheit, Meinungsfreiheit und „Verfassungstreue", DVBl. 1966, 6 ff.

Schmitt Glaeser, W.: Die Eltern als Fremde, DÖV 1978, 629 ff.

Schneider, H.: Fünf Jahre Grundgesetz, NJW 1954, 937 ff.

Schreiber, W.: Handbuch des Wahlrechts zum Deutschen Bundestag, Band 1, Köln, 1976
(zit.: Schreiber, Handbuch des Wahlrechts zum deutschen Bundestag)

Schunck / De Clerck: Allgemeines Staatsrecht und Staatsrecht des Bundes und der Länder, 7. Aufl., Siegburg, 1976

Schwabe, I.: Die sogenannte Drittwirkung der Grundrechte, München, 1971

Seifert, Karl-H.: Bundeswahlrecht, München, 1976

Sellner: Die Grundpflichten im Bundes-Immissionsschutzgesetz, in: Verwaltungsrecht zwischen Freiheit, Teilhabe und Bindung, Festgabe aus Anlaß des 25jährigen Bestehens des Bundesverwaltungsgerichts, Herausgeben von Bachof, Heigl und Redeker, München, 1978, S. 603 ff.
(zit.: Sellner, Festgabe)

Sendler, H.: Teilhabe in der Rechtsprechung des Bundesverwaltungsgerichts, DÖV 1978, 581 ff.

Spreng / Birn / Feuchte: Die Verfassung des Landes Baden-Württemberg, Stuttgart, 1954

Steffen, E.: Grundrechtsmündigkeit, RdJB 1971, 143 ff.

Stein, E.: Staatsrecht, 5. Aufl., Tübingen, 1976
(zit.: Stein, Staatsrecht)

Steinberger, H.: Konzeption und Grenzen freiheitlicher Demokratie, Berlin, 1974

Stern, K.: Das Staatsrecht der Bundesrepublik Deutschland, Band I, München, 1977
(zit.: Stern, Staatsrecht)

— Zur Verfassungstreue der Beamten, München, 1974

Stober, R.: Schüler als Amtshelfer, Berlin, 1972

Süsterhenn / Schäfer: Kommentar der Verfassung für Rheinland-Pfalz, Koblenz, 1950

von Unruh, G. C.: Zur Dienst- und Treuepflicht des Beamten, VR 1977, 335 ff.

Verhandlungen: Verhandlungen des Hauptausschusses des Parlamentarischen Rates, Bonn, 1948/49

Wahrig, G.: Deutsches Wörterbuch, Gütersloh, 1977

Wilhelm, B.: Rechtsaufsichtliche Nachprüfbarkeit der Niederlegung eines gemeindlichen Ehrenamtes, Der Bayerische Bürgermeister, 1963, 238 ff.

Vorschriftenregister

Die fetten Zahlen bezeichnen die Artikel oder Paragraphen der einzelnen Vorschriften, die mageren Zahlen die Paragraphen des Buches und ihre Untergliederungen.

Beamtenrechtsrahmengesetz		**35** :	3 IV 4
Bürgerliches Gesetzbuch		**1** :	6
Grundgesetz	Präambel	:	3 II
	1	:	1 I, III, 3 III 1, III 2, 9
	2	:	3 III 2, 4, 6, 11, IV 2, 4, 4 I, II, 5
	5	:	2 I, II, III, 3 II, III 2, 3, 8, 11, IV 4, 4 I, II, 5
	6	:	1 I, 3 III 4, 5, 4 I, II, 5, 6
	7	:	3 III 4, 5, 4 I
	8	:	3 II, III 8, 11
	9	:	1 I, 3 II, III 2, 3, 6, 11, 12, IV 1, 3, 4 I, II, 5
	11	:	3 II
	12	:	1 I, 2 I, 3 II, III 7, 8, 9, 4 I, II, 6
	12a	:	3 III 8, 9, 4 I, II, 6
	14	:	3 III 9, 10, 11, 4 I, II
	15	:	3 III 10, 4 I
	16	:	3 II, 5
	17a	:	3 III 8
	18	:	3 III 3, 11, 12, IV 1, 2, 3, 4 I, 5, 6
	19	:	3 III 2
	20	:	2 II, 3 II, III 12, IV 1, 4, V 1, VII, 5
	21	:	3 III 2, 3, 12, IV 1, 2, 3, 4 I, II, 5
	24	:	3 III 8
	25	:	3 IV 2, 4, 4 I, II
	26	:	3 IV 3, 4, 4 I
	29	:	3 II
	30	:	2 II
	33	:	2 II, III, 3 I, III 2, 3, IV 4, VII, 4 I, II, 6
	35	:	3 III 8
	37	:	1 III
	38	:	3 II, V 1, 6
	43	:	1 III
	44	:	1 III
	48	:	3 V 2, VI, 4 I, II
	53	:	1 III
	54	:	6
	56	:	3 IV, VI, 4 I, II, 6
	58	:	1 III
	61	:	3 VI, 5
	64	:	3 VI, 4 I, II

Vorschriftenregister 91

	70 :	2 II
	73 :	2 I, 3 III 8, VII
	74a :	3 IV 4, VII
	83 :	2 II
	87a :	3 III 8
	87b :	3 III 8
	91 :	5
	91b :	3 III 5
	92 :	3 VII, 4 I
	93 :	3 III 2, V 1
	96 :	3 VII
	97 :	3 VII, 4 I
	98 :	3 VII, 5
	101 :	3 I
	103 :	3 I
	104 :	3 I
	105 :	2 II
	118 :	3 II
	141 :	3 III 5
	146 :	3 II
Herrenchiemsee-Entwurf	19 :	2 I, 3 III 2
Landesverfassungsrecht		
Baden-Württemberg	1 :	2 I
	26 :	3 V 1
Bayern	98 :	1 I
	117 :	3 III 2
	121 :	2 II
Bremen	1 :	1 I
	9 :	3 III 2
	19 :	3 III 12
Hessen	27 :	1 I
	146 :	3 III 12
Rheinland-Pfalz	20 :	1 I, 2 I, 3 III 2
	21 :	2 II
	60 :	3 III 9
Saarland	1 :	1 I
Soldatengesetz	7 :	1 III, 3 III 8
Strafgesetzbuch	80a :	3 IV 3
Vereinsgesetz	3 :	5
Weimarer Reichsverfassung	110 :	1 I
	120 :	1 I
	125 :	3 V 1
	132 :	1 I
	133 :	1 I, 3 III 8
	134 :	1 I
	145 :	1 I, 2 II
	148 :	3 III 5
	153 :	1 I
	155 :	1 I
	166 :	1 I

Printed by Libri Plureos GmbH
in Hamburg, Germany